KB264992

나는 왜 대권에 도전하는가

촛불민심과 차기 대통령의 책무

QR코드로 영상 보는 방법

1.

먼저 스마트폰에서 '네이버 앱'을 켜세요. 앱이 없는 경우, 앱을 다운받아주세요.

2.

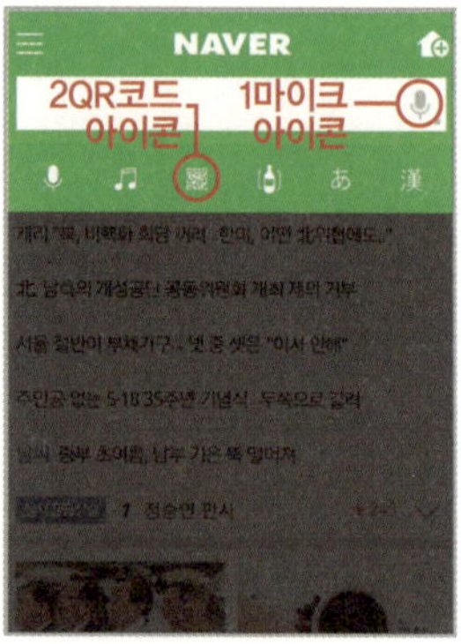

검색창 오른쪽의 '1마이크 아이콘'을 누르면, 세 번째에 '2QR코드 아이콘'이 뜹니다. 이 아이콘을 터치해주세요.

3.

QR코드가 인식될 때까지 사각틀 안에 QR코드가 들어오도록 잘 맞춰주세요.

4.

QR코드가 인식되면, '12월 9일, 여의도 국회에서 모입시다' 유투브 영상으로 연결됩니다. 클릭하여 감상하세요.

나는 왜 대권에 도전하는가

최성 고양시장 지음
전국 대도시 시장협의회장

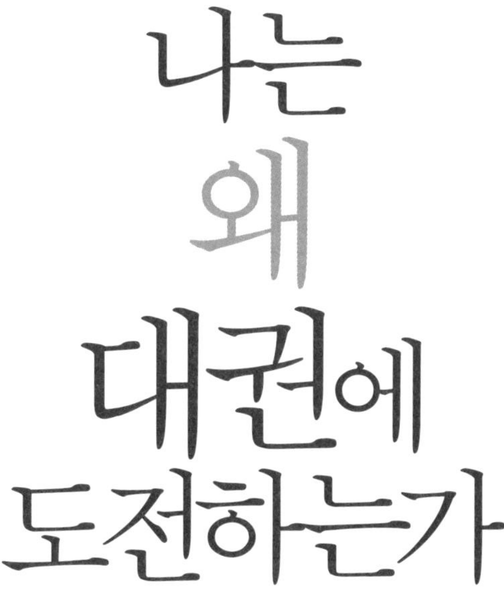

2016년 겨울, 토요일 밤의 광화문 거리에는 어린아이들과 학생들이 있었습니다. 앳된 얼굴을 한 아이들은 '박근혜 탄핵', '박근혜 구속' 같은 문구가 적힌 피켓을 들고 청와대를 향해 타박타박 걸어갔습니다.

캄캄한 밤거리로 사라지는 아이들의 뒷모습을 보는데 캄캄한 물속으로 사라지던 그 또래 아이들이 떠올랐습니다.

박근혜 하야를 외치는 천만 국민 가운데 왜 유독 저 아이들이 눈에 밟히는가. 역사적으로 수없이 많았던 국가적 재난 가운데 왜 유독 세월호는 그토록 아픈 기억인가.

제 대답은 간단했습니다. 우리 세대가 끝난 다음에도 대한민국은 계속되어야 하기 때문입니다. 저 아이들이 살아갈 시대는 우리의 시대와 달라야 하기 때문입니다.

그렇게 몇 주가 지났습니다. 촛불집회의 열기가 한창 달아오르던 어느 밤 시민 자유발언대에 설 기회가 우연히 찾아왔습니다. 목은 이미 쉴 대로 쉬어 제대로 말하기가 힘들었습니다. 그렇지만 더 처절하게 외쳤습니다.

"더 이상 우리 아이들에게 부담 주지 않아야 합니다. 이제는 지방자치단체장들이 앞장서서 대통령 탄핵안 관철을 위해 나서겠습니다."

시민들의 뜨거운 박수와 함성 소리가 참 고마웠습니다.

탄핵안 표결 하루 전인 12월 8일. 1박 2일 국회 앞 천막 농성을 시작했습니다. 수일 동안 전국 대도시 시장협의회장 자격으로 전국의 시장 군수와 지방 의원들을 설득하고 준비한 끝에 '박근혜 대통령 탄핵을 위한 전국 지방자치단체장 공동결의문'을 국회 앞에서 발표하게 되었습니다. 국회 본회의장 앞 민주당 탄핵 버스터 연설에 참가해 '박근혜 탄핵의 정당성과 탄핵 이후의 해법'을 주제로 열변을 토하기도 했습니다.

김대중 정부 청와대 행정관으로, 노무현 정부 17대 국회의원으로 일하며 겪은 국정 운영 시스템과 재선 시장으로 민생 현장을 뛰며 느낀 민심, 광화문 촛불 현장에서 마주한 시민들의 분노의 외침을 가슴에 새기고, 시민명예혁명이 지속되는 역사적 현장에서, 민주화의 성지 광주에서, 서울대와 하버드대, 베이징대를 비롯한 대학에서, 한중일 지방정부회의에서, 종교단체에서 소통을 이어갔습니다.

제가 만난 대다수 시민들은 대통령 탄핵을 시작으로 대한민국의 미래를 이끌 새로운 대통령과 정부에 대해 상상할 수 없는 큰 기대와 희망을 품고 있었습니다. 특히 박근혜 정부 탄생의 일등공신이라고 할 수 있는 새누리당보다는 과거 김대중-노무현 정부가 대변하는 민주개혁진영의 부활과 집권을 갈망하고 있었습니다. 만나는 자리마다 자연스럽게 새 대통령의 역사적 책무에 대해 열띤 토론을 이어갔습니다. 특히 광주에서의 토론의 열기는 너무도 뜨거웠습니다.

저는 국민들이 지닌 평화의 힘을 보았습니다. 다음 세대를 위한 대한민국의 모습이 머릿속에 그려졌습니다. 그리고 차기 대통령이 그 첫발을 내딛어야 한다는 절실함을 갖게 되었습니다.

정의는 사라지고 분노만 남은 지금의 대한민국 현실 앞에서 저는 더불어민주당 대선 후보 경선 출마를 결심했습니다. 촛불 민심에 나타난 시대정신을 읽고, 대한민국 민주주의와 사회정의, 평화로운 한반도 공동체의 미래를 위한 책임을 감당하고자 합니다.

이 책은 북핵 위기와 IMF 외환 위기를 김대중 대통령과 함께 청와대에서 극복했던 경험, 반기문 전 유엔사무총장이 외교부 장관으로 재임할 시절 통일외교안보 분야 국회의원으로서 치열한 토론을 벌였던 순간들, 무엇보다도 박근혜 대통령 탄핵을 위한 촛불명예시민혁명이 발생한 이후 촛불광장을 비롯한 역사적 공간에서 직접 제안하고 실천했던 '행동하는 양심'의 흔적들입니다.

특히 QR코드를 통해 수록된 당시의 생생한 연설과 강연, 발언 영상에서 역사적 현장에서 행동하는 깨어있는 시민의 위대한 힘을 발견할 수 있을 것입니다. 이 책을 통해 '제2의 박근혜 게이트'가 발생하지 않고, '제2의 IMF 경제 위기'를 국민들이 두려워하지 않고, 나아가 우리의 후손에게 부끄럽지 않은 대한민국을 다시 세울 수 있는 방법이 무엇인지 함께 고민해보고 싶습니다.

한없이 고맙고 미안한 사랑하는 아내와 잘 커준 민(民)과 미래(未來), 마음으로 대화하는 법을 가르쳐준 청각장애인 작은누나를 비롯한 가족들에게 고마운 마음을 전합니다.

마지막으로, 언제 어디서나 부족한 막내아들을 하늘에서 지켜보고 계실 아버님과 홀로 계신 사랑하는 어머님께 이 책을 바칩니다.

2017년 1월

경의선이 관통하는 미래의 평화통일특별시 고양에서

고3 수험생과
대한민국 학생들에게

1분 28초   https://youtu.be/0fmiWhn3EVQ

이번 촛불집회 주역은 청소년들이 아닐까? 고3 수험생과 대한민국 학생들에게 보내는 영상편지, '너희가 대한민국의 희망이다.'

우리 아이들의 미래를 위해 탄핵에 동참합시다!

3분 08초

https://youtu.be/f14VaqPUfQg

2016년 11월 19일, 4차 촛불집회에 참석하여 거리에 나온 시민들에게 전한 연설이다. 부모로서 기성세대로서 아이들의 미래를 걱정하며 어른들의 책임을 강조하고 있다.

차례

2장 차기 대통령의 책무와 대선공약

5장 청년이 살아야 대한민국이 산다

1장

박근혜 대통령 탄핵과
촛불민심,
그리고 시대정신

올바른
민주주의

광화문 촛불 현장에서 JTBC 뉴스 인터뷰 중인 최성 시장

편집자 주 박근혜–최순실 게이트가 발생한 직후부터 광화문 촛불집회에 빠지지 않고 참석해온 최성 시장은 청소년과 고3 수험생들의 시국선언이 이어지고 대통령의 자진 사퇴를 기대하기 어려운 상황이 되자 전국 대도시 시장협의회장 자격으로 본격적인 행동에 나섰다. 국회 탄핵안 관철을 위한 전국 단위의 시장 군수 실천 행동을 주도하는 한편 시민과 함께하는 국회 앞 1박 2일 철야 투쟁에 나서는 등 사상 초유의 시민명예혁명 기간 동안 비상시국의 해법을 꾸준히 제안했으며, 박근혜 탄핵안은 결국 가결되었다.

박근혜 대통령의
국회 탄핵안 가결을 위해
전국 시장군수들이
떨쳐 일어나겠습니다!

안녕하십니까? 반갑습니다. 고양시 공직자 최성입니다. (함성과 박수) 상부의 지침에도 불구하고 공직자가 어떻게 이 발언대에 올라오게 됐는지 궁금하지 않으십니까?

사실 저는 고양시장입니다. 이렇게 오늘 발언대에 선 이유는 여러분께 한 가지 약속을 하고 싶어서입니다.

여러분!

유모차를 타고 광화문 거리로 나온 아이들, 초등학생들, 고3 수험생, 대학생, 걷기도 힘든 어르신들, 이들은 지금 누구보다도 더 크게 박근혜 퇴진과 하야를 외치고 있습니다.

눈물 나지 않습니까? 이런 비참한 현실을 계속 보실 겁니까? 우리의 염원은 무엇입니까? 박근혜 탄핵 아닙니까? 탄핵 표결일이 9일입니다, 9일.

오늘은 우리 고양시민 백만 명 중에서 천 명만 모시고 왔는데, 표결일인 9일에는 만 명과 함께 국회로 나가겠습니다.

또 전국 대도시 시장협의회 회장 자격으로 저와 뜻을 같이하는 전국의 시장들과 군수들과 함께 12월 9일 연가투쟁에 돌입하겠습니다. 여러분과 함께 박근혜 탄핵 가결을 외치겠습니다.

존경하는 우리 국민 여러분!

검찰은 박근혜 씨가 최순실의 공동 정범이라고 밝혔습니다. 일국의 대통령이 잡범, 조폭 수준의 범죄를 저지르고 어떻게 대통령직을 유지할 수 있습니까? 그렇지 않습니까?

그렇기 때문에 국민들의 90퍼센트가 퇴진을 원하고 있는 것 아닙니까? 최순실, 박근혜 일가와 관련된 부패 세력들 외에는 100퍼센트의 국민들이 박근혜 퇴진을 요구하고 있는 것입니다. 그렇죠, 여러분?

우리 모두 힘을 합쳐서 박근혜 대통령을 반드시 퇴진시키고 진정으로 이 땅에 정의로운 대통령, 평화로운 대통령, 민주적인 대통령을 빨리 만들도록 합시다. 그래서 우리 아이들에게, 가족들에게 떳떳합시다.

12월 9일 국회에서의 탄핵 표결, 그날 함께 여의도에 모여서 누가 탄핵에 찬성하는지 누가 탄핵을 반대하면서 꼼수 정치에 놀아나는지 우리 국민 여러분께서 심판해주십시오! 그럼 12월 9일에 뵙겠습니다.

사랑합니다. 존경합니다.

12월 9일,
여의도 국회에서 모입시다!

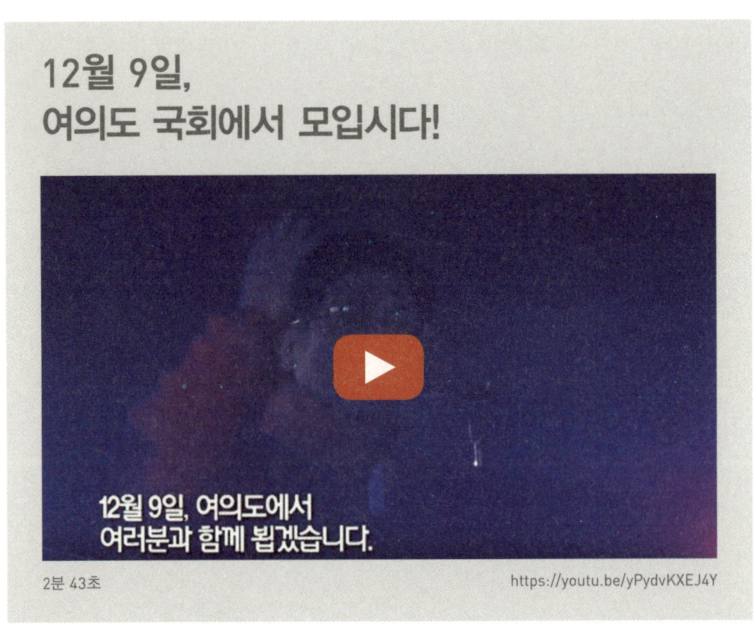

2분 43초

https://youtu.be/yPydvKXEJ4Y

최성 시장이 박근혜 국회 탄핵안 가결을 앞두고 가장 중요한 순간에 시민발언대에 올라 화제가 되었던 연설이다. 12월 9일 탄핵안 통과를 위해 국민들의 결집을 촉구하고 있다.

"이 아이들이 살아갈 시대는 우리의 시대와 달라야 합니다"

국회 본회의장 앞 더불어민주당 탄핵 버스터에서 연설 중인
최성 시장

편집자 주 17대 국회의원을 역임한 최성 시장은 국회 더불어민주당 탄핵 버스터
에서 박근혜 대통령 탄핵이 국회에서 만장일치로 통과되어야 하는 이유를 조목
조목 제시하여 큰 공감을 불러일으켰다. 또한 더불어민주당 소속 전국 자치단
체장들의 공동선언을 이끌어내는 등 지도력을 발휘하기도 했다.

박근혜–최순실 게이트의 실체와 비상시국 해법

전국 대도시 시장협의회장직을 맡고 있는 고양시장 최성입니다.

박근혜 대통령에게 묻습니다. 아니, 박근혜 씨에게 묻습니다. 세월호 참사가 발생한 그 순간, 304명의 우리 아들딸들이 칠흙 같은 진도 앞바다에서 "대통령님, 살려주세요. 엄마, 아빠, 도와주세요. 두려워요. 무서워요."라고 울부짖던 그 7시간 동안 당신은 무엇을 하고 있었습니까?

아이들의 생명을 구할 수 있었던 그 골든타임에 당신이 무엇을 했는지 너무도 궁금합니다. 궁궐 같은 청와대 관저에서, 고가의 화장대 앞에서 2시간 동안이나 머리를 한 이유가 도대체 무엇입니까? 남은 5시간 동안에는 또 무엇을 했습니까?

우리는 당신처럼 비인간적이고 냉혈한 대통령에게 오천만 국

국회 탄핵안 가결에 환호하는 시민들. 최 시장도 이날 국회 앞 1박2일 철야농성을 주도했다.

민의 생명을 맡길 수 없습니다. 인정할 수 없습니다. 용납할 수 없습니다.

바로 내일, 전 국민의 이름으로 국회가 탄핵을 만장일치로 의결해야 하는 이유가 바로 이것입니다.

참 나쁜 대통령입니다. 명예로운 사퇴도 기대하지 마십시오. 국민들은 내일 있을 국회 탄핵안 표결을 지켜볼 것입니다.

여섯 차례의 시민명예혁명은 대통령의 사퇴를 요구했지만 대통령은 끝까지 그것을 거부하고 오히려 국민과의 전쟁을 선포했습니다.

저를 포함한 전국의 지자체장들은 더 이상 시정에만 몰두할 수 없다고 의견을 모으고, 다 함께 국회에 모여 시민들과 함께 탄핵을 촉구하는 데 앞장서기로 했습니다.

새누리당 모 의원은 바람이 불면 촛불도 꺼진다고 말했습니다. 절대 그렇지 않습니다. 촛불은 횃불이 되어 박근혜 게이트의 진실을 밝힐 것입니다. 박근혜 대통령의 정치생명을 꺼버리고 말 것입니다.

2016년 12월 9일은 국회가 대통령 탄핵소추안을 만장일치로 의결하며 민심을 받든 역사적인 날로 기록될 것입니다.

저희 자치단체장들은 연가투쟁을 통해 지역 시민들과 총 결의에 나서겠습니다.

공범 새누리당은 탄핵에 동참하고 당을 해체하는 결의를 보여야 됩니다. 야 3당은 탄핵, 특검, 국정조사 이후 새로운 민주정부 수립에 철저히 공조하며 오천만 촛불 민심을 받아들여야 합니다.

박근혜 대통령은 꼼수 정치를 중단해야 합니다. 정권 재창출을 위해 반기문 카드를 운운하며 책임을 전가하고 살 길을 열어보려는 얄팍한 수, 야합 정치 중단해야 합니다.

국민들은 대통령 탄핵을 위한 범국민적 운동을 지속하며 새로운 민주정부 수립을 위한 대통령 불인정 운동을 멈추지 말아야 합니다.

반기문 UN사무총장도 귀국하면 오천만 촛불 민심을 가슴에 새기고 전직 UN사무총장으로서 박근혜의 꼼수 정치에 현혹되지 않아야 합니다. 세계 평화와 한반도의 평화를 위한 일에만 매진하시기 바랍니다. 그 길만이 자신이 CNN과의 인터뷰에서 말했던 것처럼 자신과 가족과 조국을 위한 현명한 선택이 될 것입니다.

박근혜 정부의 충직한 후견인이었던 검찰조차 이번 게이트의 본질은 박근혜다, 박근혜가 몸통이며 실질적 주범이라고 밝혔습니다. 특검을 받든 탄핵을 받든 결국 박근혜 대통령은 구속이 불가피합니다.

박근혜 대통령의 죄질이 무거운 것은 단순히 최순실 개인의 국정 농단 때문은 아닙니다. 30여 년 전 박정희 군사독재정권 시절부터 자행된 최태민 일가와의 교활한 범죄를 그대로 답습하고 있기 때문입니다.

한마음봉사단, 육영재단, 영남대, 이명박 대통령 후보와의 경선 과정에서 폭로된 의혹들, 정윤회 게이트 등에서 드러났듯이 오랜 기간 이와 같은 범죄 행위가 반복되어왔습니다.

일반 범죄자도 전과가 누적되면 가중처벌되는 법입니다. 하물며 일국의 대통령이 30년 넘게 상습적으로 범죄적 행동을 한 것을 누가 용납할 수 있겠습니까? 우리는 제2의 세월호 참사를 반드시 막아내야 합니다. 식물 대통령 때문에 침몰하고 있는 대한민국호의 골든타임을 반드시 지켜낼 것입니다.

바다 속에서 살려달라고 울부짖는 304명의 아들딸들. 그 순간에 화장하고 머리 하는 대통령. 우리는 이런 사람에게 오천만 국민의 생명을 맡길 수 없습니다. 이것이 바로 내일 반드시 국회가 박근혜 탄핵안을 만장일치로 가결해야 하는 가장 큰 이유입니다.

지금 대한민국 국민은 부정의한 대통령, 무능한 대통령, 반평화적인 대통령, 강권 통치의 대통령, 도덕적으로 타락한 대통령을 거부합니다. 이제 우리는 하루 속히 정의롭고 준비된 대통령, 평화와 청렴의 대통령을 원합니다.

마지막으로 저를 비롯한 더불어민주당의 지방자치단체장들 그리고 여야를 망라한 전국 대도시 시장협의회의 시장들과 전국의 군수들, 각 지역의 시민들은 국회에 요구합니다.

첫째, 반드시 탄핵안을 관철시켜야 합니다.

둘째, 새누리당은 얄팍한 꼼수 정치를 버리고 탄핵 열차에 동참해야 하며, 탄핵 직후 당을 해체하십시오.

셋째, 야 3당은 탄핵과 더불어 국정조사 이후 진행될 민주적인 새 정부, 촛불 민심을 받들 수 있는 평화롭고 정의로운 정부를 위해 철저히 공조해야 합니다.

넷째, 박근혜 대통령은 꼼수를 중단하고 즉각 사퇴하십시오.

　마지막으로 우리 국민 여러분, 정말 대단합니다. 정치인이 해야 될 일들, 행정가들이 해야 될 일들을 여러분이 대신 해주었습니다. 위대한 명예혁명을 오천만 시민 여러분이 이뤄내셨습니다.

　내일 박근혜 대통령 탄핵안을 만장일치로 가결한다는 정세균 국회의장의 선포가 이곳 광장에 울려 퍼지기를 바랍니다. 그 순간까지 우리의 모든 열정과 네트워크를 동원하여 끝까지 싸우고 관철해 냅시다.

　경청해주셔서 대단히 감사합니다.

민심은
마지막에
가장 현명하다

베스트셀러 『배움』은 최성 시
장이 정치적 멘토로 존경하고
있는 김대중 대통령의 철학과
사상, 그리고 삶의 지혜를 지
근거리에서 직접 듣고 정리해
엮은 잠언집이다.

1. 국민은 잘못 판단하기도 하고 흑색선전에 현혹되기도 한다. 엉뚱한 오해를 하기도 하고, 집단 심리에 이끌려 비이성적인 행동을 하기도 한다. 그럼에도 불구하고 우리에게는 국민 이외에 믿을 대상이 없다.

국민이 따라오지 못할 때는 그들을 무시하고 앞질러 갈 일이 아니다. 그럴 때는 일시적으로 걸음을 멈추고 국민과 함께 갈 수 있도록 보폭을 조절해야 한다. 국민의 손을 잡고 반 발짝만 앞에 서서 이끌어야 한다. 절대로 반 발짝 이상 벌어져서는 안 되고, 어떤 경우라도 국민과 잡은 손을 놓아서는 안 된다. 국민의 손바닥으로부터 전해지는 체온과 국민 정서를 통해 국민의 뜻을 배워야 한다. 조급한 마음이 일을 그르친다. 자기만 옳다는 생각을 믿고 달려가게 되면 국민과 잡은 손은 떨어지고 국민은 우리를 떠난다.

2. 국민을 믿고 국민의 손을 놓지 않고 걸어간 사람에게는 일시적 좌절이 있을지 몰라도 패배는 없다. 5 · 17 사건으로 사형 언도를 받고 죽음을 기다리고 있을 때 나의 마음은 걷잡을 수 없이 불안과 공포에 시달렸다. 죽음을 생각한다는 것은 참으로 두려운 일이었다. 그런데 신군부는 자기네들과 손잡으면 살려주겠다고 계속 유혹했다. 하루에도 몇 번씩 마음이 왔다 갔다 하여 어디에도 정착할 수 없

는 때가 있었다. 그러나 굴복할 수는 없었다. 죽음도 두렵지만, 내가 믿는 하느님과 국민의 역사가 더 두려웠다.

3. 국민이 언제나 현명한 것은 아니다. 그러나 민심은 마지막에 가장 현명하다. 국민이 언제나 승리하는 것은 아니다. 그러나 마지막 승리자는 국민이다. 그렇기 때문에 하늘을 따른 자는 흥하고 하늘을 거역한 자는 망한다고 했는데, 하늘이 바로 국민인 것이다. 유일하게 현명하고, 유일하게 승리할 수 있는 국민에게 배우고 국민과 같이 가는 사람에게는 오판도 패배도 없다.

국회 앞에서 민주당 소속 기초단체장 공동결의문 발표 중인
최성 시장

편집자 주 최성 시장은 청와대 행정관과 국회의원, 재선 고양시장으로 재직하는
동안 당면 현안과 위기를 극복할 수 있는 종합적인 대안 제시에 끊임없이 주력
해왔다. 박근혜 국회 탄핵 관철을 위한 더불어민주당 기초자치단체장 공동성명
서 역시 최성 시장이 제안, 초안을 마련한 것으로 당시 전국 단위의 지자체장들
이 참여하는 결정적 계기가 되었다.

국회는 대통령 탄핵소추안을 만장일치로 가결하고, 박근혜 대통령은 즉각 퇴진하라!

오천만 대한민국 국민은 현재 전국적으로 수백만이 참가한 여섯 차례의 박근혜 대통령 퇴진 범국민 행동 촛불집회를 통해 박근혜 대통령의 조건 없는 즉각 퇴진과 탄핵을 요구하고 있습니다.

나아가 주권자인 국민들은 비정상적 국정 상황을 복원하고 촛불로 이뤄낸 시민혁명에 국회의 초당적 동참을 명령하고 있습니다.

그동안 박근혜 대통령 탄핵 국면에서 자치단체장들의 참여는 주로 여야 대권 후보로 거론되는 인물에 국한됐으며, 그 외에는 현 비상시국에 대한 자치단체장들의 엄중한 문제의식과는 달리 비상시국 속 시정을 살펴야 하는 이유로 신중하게 이뤄졌던 것이 사실입니다.

그러나 12월 9일 국회 탄핵 표결을 눈앞에 두고 있는 현재의 상황은 우리 지방자치단체장들과 광역·기초의원들로 하여금 더 이상은 눈앞의 시정에 전념하는 것보다 국정 농단으로 비롯된 국가 위기 사태에 앞장서서 박근혜 대통령의 탄핵을 주도해야 한다는 시민들의 요구에 막중한 책임감을 느끼게 하고 있습니다.

박근혜 대통령 퇴진이라는 국민의 명령은 반드시 실현되어야 합니다. 이에 국회는 탄핵이라는 민심을 받드는 데 충실해야 할 것임을 천명합니다.

박근혜 게이트로 촉발된 비정상적 국정 상황은 더불어민주당에만 국한된 상황은 아닙니다. 무너진 국가를 다시 세우는 데 여야, 중앙과 지방의 하나 된 협력이 있을 때 국가적 혼란 상황을 수습하고 다시 국기를 바로 세우는 디딤돌이 될 것입니다.

이에 우리는 다음과 같은 입장을 천명합니다.

첫째, 내일로 예정된 박근혜 대통령 탄핵안 표결을 만장일치로 가결해줄 것을 주장합니다.

둘째, 탄핵안 만장일치 가결 후 헌법재판소는 집중 심리하여 빠른 시간 내 인용 판결해줄 것을 요청합니다.

셋째, 우리 지방정부는 중앙정부의 혼란 상황에도 안정적으로 민심을 살펴서 국민의 삶에 동요가 없도록 최선을 다하겠습니다.

붕괴 직전의 대한민국의 정의를 바로 세우고 역사 앞에 당당할 수 있도록 우리 지방자치단체장, 광역의원, 기초의원들은 혼신의 노력을 다할 것을 다시 한 번 약속드립니다.

2016년 12월 8일

더불어민주당 기초단체장협의회 · 광역의원협의회

· 기초의원협의회 · 전국자치분권 민주지도자회의

국회는 대통령 탄핵소추안을 만장일치로 가결하고 박근혜 대통령은 즉각 퇴진하라!

1분 46초

https://youtu.be/7-MCGfmxfis

12월 8일, 탄핵안 표결을 하루 앞두고 최성 시장을 비롯한 더불어민주당 소속 기초단체장은 박근혜 대통령 탄핵 관철을 촉구하는 결의문을 발표하였다. 최 시장은 중앙정부의 혼란 상황에도 안정적으로 민심을 살피는데 최선을 다할 것을 주장하며 전국 자치단체장들의 동참을 호소했고, 결국 박근혜 대통령 탄핵안은 국회에서 가결되었다.

11월 19일 박근혜 퇴진 4차 범국민대회
꽃 보다 아름다운
104만 고양시민도
함께하고양!
박근
퇴진

2016년 12월 1일, 전국 대도시 시장협의회 제6차 정기회의

지방 재정 확충과
자치분권 확대를 위한
공동성명서

전국 지방자치단체의 재정자립도는 평균 40~50퍼센트 초반에 불과하며, OECD 국가 평균 지방세 비중인 51퍼센트와 비교해도 절반도 되지 않는 20퍼센트에 불과합니다.

현재 지방자치단체의 재정과 분권은 자율성은 현저히 떨어지고 정부 의존성은 높아질 수밖에 없는 구조로 인해 매우 열악한 상황에 처해 있습니다.

이와 더불어 과도한 예산이 부담되는 중앙정부의 대규모 복지 정책들과 정부 일괄 이양 사무 처리를 위한 6500억 상당의 재정 이양 불이행, 그리고 지방세법과 조세특례제한법을 통한 지방세 감면 정책 등으로 인해 지방자치단체의 재정은 날로 악화의 길을 걷고 있습니다.

이에 대도시 시장협의회는 지방자치단체의 재정자립도 향상과 지방 재정 확충을 바탕으로 한 진정한 지방자치 실현을 위하여 다음과 같이 입장을 밝히고자 합니다.

첫째, 행자부는 ①현재의 지방 재정 확충과 자치분권 확대를 위해 국회 차원의 공청회를 포함하여 지방자치단체의 의견을 수렴해야 합니다. ②향후 지방자치단체의 행정·재정에 영향을 미치는 법령 개정과 관련된 논의에 해당 지방자치단체장의 참여를 보장하고 의견을 반영하는 제도적 장치를 마련해야 합니다. ③국회 안전행정위원회 및 국회의원들과의 면담에서 행자부 장관이 답변했듯이 지방 재정 개편과 관련된 용역을 추진하고 용역 결과에 따라 신중하고 합리적인 대안을 마련해야 합니다.

둘째, 정부는 ①『지방분권 및 지방행정체제 개편에 관한 특별법』제13조에 제시된 국세를 지방세로 전환하기 위한 새로운 세목을 우선 확보해야 합니다. ②박근혜 대통령의 국정과제(104번)이자 대통령 소속 지방자치발전위원회가 2014년 12월 8일 국무회의에 보고, 심의 확정한 『지방자치발전 종합계획』에서 제시한 '지방소비세 상향 등 지방세 비중 확대'와 '이전 재원 조정', 그리고 '지방세 비과세 감면·축소'를 통해서 지방 재정 확충 계획안을 우선적으로 협의 이행하고 대선 공약으로 약속했던 지방 재정 확충 및 재정 건전성 강화 이행에 적극 나서야 합니다.

셋째, 국회는 ①국회 차원의 지방 재정·분권특별위원회를 통해 공청회를 개최하고 근본적인 지방 재정 확충 방안에 대해 여야를 뛰어넘어 해법을 모색해야 합니다. ②20대 국회에 제출된 '지방세법상 지방소비세율 11퍼센트→16퍼센트 상향', '지방교부세법상 지방교부세율 19.24퍼센트→22퍼센트 상향', '지방 재정법 및 보조금 관리에 관한 법률상 지방자치단체장의 참여를 보장하는 법안 조속 통과'를 적극 추진해야 합니다.

넷째, ①중앙 중심적인 재정자주권과 예속적인 지방자치 체제를 뛰어넘어 중앙과 지방 간의 합리적인 권력 분립과 지방자치의 근간인 지방 재정 확충을 위해서는 지방분권형 개헌 논의가 본격화되어야 합니다. ②중앙과 지방이 수평적 입장에서 소통할 수 있는 '중앙-지방협력회의' 설치를 통해 지방자치 실현을 추진해야 합니다. ③ 중앙정부는 지방 재정의 자율성 확보를 위해 보조금 매칭 비율 변경, 재정 제도 변경 시 지방자치단체의 의견 수렴 절차를 마련하고, 각종 시책 사업 추진 시 지방자치단체와 사전 협의 후 실시토록 시스템을 개선하여야 합니다.

　전국 대도시 시장협의회는 앞서 제기한 요구 사항을 토대로 모든 지방자치단체가 수용할 수 있는 합리적인 지방 재정 확충과 지방 자치 발전 방안이 마련될 때까지 국회 차원의 공론장 마련 및 법·제도적 개선 그리고 범국민적 호소 등의 방법을 통하여 지방 재정 확충과 자치분권 확대를 위하여 노력해 나갈 것입니다.

2016년 12월 1일

전국 대도시 시장협의회

편집자 주 최성 시장의 친형인 최진 대통령리더십연구원 원장은 고려대학교에서 대통령 리더십으로 행정학 박사 학위를 받았으며, 경희대학교 행정대학원 겸임 교수와 미국 남부 캘리포니아대학교 초빙교수를 거쳤다. 이후 최성 시장이 청와대 행정관으로 재직할 당시 최진 원장은 청와대 정책비서실 국장으로 재직하여 청와대 첫 형제 국장이라는 독특한 이력도 갖고 있다. 『시사저널』 정치팀장으로서 오랜 기간 청와대 출입기자로 일했으며 현재는 대통령리더십연구원 원장과 세한대학교 대외부총장으로 재임하고 있다. 최성 시장과 최진 원장은 페이스북 라이브 방송을 통해 11월 26일 광화문 촛불집회 현장과 국회 탄핵 표결 전날인 12월 8일 여의도 국회 앞에서 박근혜 탄핵의 의미와 전망, 그리고 앞으로 국민들이 어떤 해법을 갖고 범국민적 퇴진 운동을 해야 하는가에 대해 깊이 있는 대화의 시간을 가졌다.

최성 시장―최진 박사 형제의 썰戰

최성 시장 안녕하세요? 고양시장 최성입니다.

제가 지금 광화문 촛불집회 현장에 나와 있는데요.

평소 이 분야의 최고 전문가인 최진 원장님께서 함께 나오셨습니다. 우리 최진 원장님은 사실은 개인적으로는 제 친형님이고요. 아시는 분은 아시겠지만 대통령 리더십 분야에서 최고의 권위자이시죠.

오늘은 저희 형제 간 썰전으로 지금의 박근혜 게이트의 실체, 그리고 앞으로 어떻게 우리 국민들이 이 해법을 마련하고 범국민적 퇴진 운동을 하면 좋을지 이런 대화를 나누고자 합니다.

우선 잠깐 형님하고는 사실 이럴 때 말고는 서로 바빠서 가정 내에서는 자주 못 보는데요. 인사 좀 나누겠습니다. 형님, 감사합니다. 제가 잠깐 소개 올렸는데, 또 형님 페친들은 잘 알지만 우리 페북 친구들도 있는데 잠깐 겸사겸사 이렇게 참여하신 소감과 간략한 소개 좀 해주시죠.

최진 원장 예, 저 정말 엉겁결에 달려왔습니다. 이 중요한 시기에 동생이 여러분들께 한 말씀 드린다고 하는데 저도 만사 제쳐두고 와서 거들고 같이 대화도 나누고 저희의 대화가 여러분들께 도움이 되었으면 좋겠습니다. 저희는 사실 기나긴 세월 동안 같이 부대끼며 살아왔지만 이렇게 같이 방송해보긴 처음입니다. 제가 사실 생방송 많이 해봤지만 밤 9시에 방송에 가면 2시간 이상 일거수일투족을 생중계를 합니다. 그렇게 방송을 하다 보니 긴장이 많이 나아졌는데, 동생하고 막상 해보니 상당히 긴장이 많이 됩니다. 실수를 하더라도 여러분께서 널리 이해해주시면 감사하겠습니다.

최성 시장 좀 편한 이야기도 나누고 싶지만 오늘은 대한민국 역사상 가장 중차대한 순간이고, 일부 언론에서는 일제 식민지 시대 3·1운동 이래 최대의 인파가 모일 걸로 이렇게 얘기를 하고 있습니다. 지난주, 지지난주에도 시민과 함께했지만 광화문 광장에 나타난

민심은 정말 이게 나라냐 라는 이런 분노, 어린 국민들의 외침도 있고요. 유모차를 탄 꼬맹이 아이에서부터 초등학생들이 '나도 말 사 줘' 이런 피켓을 들고 나오고, 또 우리의 아들딸과 같은 중·고등학생들이 청소년 시국 연대를 외치면서 이런 나라에서 공부하면 뭐하느냐, 이렇게 분노하고 있습니다. 정말 세월호의 눈물이 아직 채 마르기도 전에 100만, 200만의 민심이 이렇게 분출되고 있습니다.

형님이 대한민국의 대표 리더십 전문가로서 최근에 로이터통신, 『뉴스위크』 등 해외 언론으로부터 인터뷰 요청이 많이 오는 것으로 아는데, 외신들 반응이 어떤가요?

최진 원장 사실 로이터통신, 『뉴욕타임스』 이런 큰 세계적인 언론사에서 인터뷰를 하면 자랑스럽죠. 그러나 이번 같은 경우에는 부끄러웠습니다. 정말 우리 대한민국의 아픈 부분을 가지고 인터뷰를 해야 한다는 것이 부끄러웠지만 누군가는 해야 하기에 앞으로 재발을 막으려면 제대로 알려야겠다고 생각했고요. 기자들의 질문은 하나였습니다. 도대체 왜 이 지경까지 왔는지, 그 근본적인 이유가 무엇인지.

해답은 간단합니다. 모든 대통령이 그렇듯 박근혜 대통령도 마찬가지로 모든 문제는 제도나 상황이 아니라 결국 사람이다. 문제의 핵심, 박근혜 대통령이라는 사람의 퍼스널리티, 리더십에 본질적인 문제가 있다. 핵심에는 딱 두 가지가 있습니다. 하나는 아버지, 어머니가 전쟁도 아닌 상황에서 총을 맞고 잇따라 돌아가셨다는 점입니다.

재작년에 우리 아버지 돌아가셨을 때 얼마나 슬피 통곡을 했는데, 병으로 암으로 돌아가셔도 그렇게 슬픈데 하물며 부모를 총으로 잃게 되었을 때… 어머니에 이어 아버지마저 돌아가셨다, 이때 받았을 정신적인 충격, 극도의 트라우마는 상상을 초월합니다. 근데 이게 너무 심한 충격을 받다 보면 내성이 생겨서 그 후에 어떤 충격적인 상황이 발생하더라도 별로 놀라지 않게 됩니다. 아무렴 부모님 돌아가신 것보다 더 힘든 일이 있겠는가 하는 무의식적인 생각이 들게 됩니다. 그게 좋게 말씀드리면 내공을 강화시키고, 안 좋은 방향으로 발전하게 되면 상황 인식을 못하게 됩니다. 아무리 위험한 상황이 닥쳐도, 100만 촛불, 200만 촛불이 청와대 코앞까지 다가와도, 그래 한번 해보지, 그러고 어쩌면 편안히 잠들 수 있는 이 놀라운 평정심을 심리적으로 가져올 수 있게 됩니다.

다른 하나는 박근혜 대통령이 18년 동안 아버지 권력하에 울타리에 갇힌 생활을 살았지 않습니까. 사실 여러분도 18년 동안, 20여 년 가까운 시간 동안 궁궐에 살게 되면 아마도 남자들은 왕자병에 걸릴 거예요. 그 정도로 어마어마한데, 더 무서운 것은 아버지가 돌아가신 후에도 또다시 19년 동안, 1979년 10월 26일 박정희 대통령 돌아가시고 그때 1998년 4월 재보궐선거로 다시 정계에 입문하기까지 또다시 19년 동안 칩거 생활, 은거 생활을 합니다. 전국의 고산, 명찰을 돌아다니고, 중국의 『삼국지』, 『손자병법』 같은 고서를 전부 섭렵하고 어마어마하게 책을 읽죠. 밤에는 마치 월하의 공동묘지처럼 일기를 씁니다. 여러분, 20여 년간 쓴 박근혜의 일기를 읽어보신 적 있습니까? 공개되어 책으로 나와 있습니다. 저처럼 할 일 없는 사람, 대통령을 연구하는 사람들은 밑줄 그으며 읽는데, 여러분이 그 일기장을 읽어보면요 소름이 끼칩니다. 아, 그렇구나. 박근혜 대통령의 정신세계, 리더십, 삶이 전부 다 들어 있습니다.

최성 시장 그런데 그 일기장을 박근혜 대통령이 직접 썼을까요? 아니면 최순실 씨가 또 그것도 대신 써준 거 아닐까요?

최진 원장 하하하. 본인이 직접 썼을 겁니다.

최성 시장 저는 사실 우리 원장님 말씀하고 연관되는 게, 이 문제가 처음 터졌을 때 웬만한 사람이면 하야하고 사퇴하고 죽을죄를 지었습니다, 국민 여러분, 정말 모든 권한을 국민 여러분께 또 국회에 드릴 테니까 살려주십시오, 용서해주십시오, 할 텐데, 오히려 이것을 정말 국민들하고 또 국회에 대해서, 또 이런 100만, 200만 촛불 민심을 향해서 정면 대결하는 양상으로 가는 그 뿌리를 보면… 바로 우리 원장님이 평소 한 대통령의 정치심리학적, 가정적, 사회적 환경이 너무 중요하다는 주장을 해오셨는데, 박근혜 대통령이 보통 사람하고는 아주 다른 어떤 여왕의 경험, 독재 시대의 경험, 또 아주 독특한 고립적 경험을 했다, 이런 해석으로 봐도 맞는 건가요?

최진 원장 예, 정확히 정리하셨습니다. 보통 사람하고는 모든 것이 다릅니다. 왕비는 물로 손도 씻지 않고 아무 데나 나타나지도 않습니다. 죄송하지만 외양은 우리와 똑같은 사람이지만 정신세계 자체는 우리와는 다른 4차원 세계에서 살고 있는 거예요.

최성 시장 그러면 하나만 여쭤볼게요. 형님도 그렇고 저도 청와대에서 근무해봤잖아요. 지금 청와대 안에 있는 박근혜 대통령의 심정? 앞으로의 정국 구상과 계산? 어떨 거 같아요? 그걸 국민들이 이해를 못하는 거예요. 지금 나와서 그냥 하야하고 사퇴하고 죄송합니다 하고, 모든 권한을 국회에 일임하고, 그리고 감옥 갈 각오 하고 말이에요. 그러면 또 압니까? 국민이 혹시라도 용서해줄런지? 그런데 박근혜 대통령은 지금, 오늘 이 순간, 또 오늘 저녁 8시, 9시 행진이 시작될 때 무슨 생각을 하고 있을까요?

최진 원장 나는 그 질문을 받고 생각나는 그림이 있어요. 청와대 관저 넓은 방에 촛불 하나 켜놓고 방석 하나 놓고 앉아서 명상을 하는 거예요. 박근혜 대통령 취미가 특히 명상입니다. 그 어둠 속에서 혼자 자기최면을 하는 거예요. 나는 이 시련을 반드시 극복해낼 거야. 난 억울해. 이 모든 음모에 내가 당하고 있지만, 그렇지만 내가 아무리 힘들어도 옛날 아버지 어머니 돌아가셨을 때보다 힘들겠어? 18년 동안 내가 유배 생활을 했는데 그보다 힘들겠어? 나는 이겨내야 해. 굳게 촛불 앞에서 두 손 모으고 다짐하는 그림이 저는 떠오르는 거예요. 지금 그 질문한 내용이나 이런 것들은 전부 정치공학적인 거예요.

최성 시장 결론적으로 최진 원장님은 죽어도 대통령은 임기를 채울 것이고 먼저 사퇴할 일은 없을 거다, 이렇게 보시는 거예요?

최진 원장 박근혜 대통령의 심정만을 보면 절대 사퇴할 일은 없을 것으로 봅니다. 특히 『워싱턴타임스』가 제목을 뭐라 했냐 하면 '파란 약이 파란 집으로 들어간다'. 이건 너무 창피한 거예요. 그다음 법무부 장관과 민정수석은 요즘같이 어려운 때 최고의 투톱이에요. 우리가 청와대에 같이 근무할 때요, 옷 로비 사건이라든지 임기 말 여러 게이트가 나올 때 제일 중요한 사람은 법무부 장관과 민정수석 아닙니까. 이 두 사람이 사표를 던져버린다는 것은 대통령 입장에서 본다면 완전히 믿었던 발등이 아니라 등 뒤에서 철퇴가 날아온 거예요. 이것은 소리 없이 국정의 컨트롤타워 내지는 이게 와르르 안에서 무너진다는 이야기인데.

그런데 역으로 하나 물어보고 싶은 게 있어요. 이러다가 북한 김정은의 불장난으로 연평도에 포탄 하나 날아오면 이 모든 것이 끝나는 것 아닙니까. 지금 김정은이 어떤 생각을 하고 있을까. 이렇게 딱 사고를 치면 어떻게 되는 거예요? 최성 시장은 통일 전문가니까. 국회에서도 그랬고 계속 그 분야에서 전문가로 활동해왔는데요. 시청자 여러분, 죄송하지만 우리 동생이 예전에 통일 분야 최고의 전문가였어요. 지금은 고양시장으로 있느라 제대로 실력을 발휘하고 있지 못하지만.(웃음)

최성 시장 박정희 군사정권 시절이라든가 김대중 정부, 노무현 정부, 또 이명박 정부까지, 심지어 박근혜 정부까지 대한민국 대선이 있거나 중요한 정치적 국면만 있으면 북한은 어김없이 총풍, 북풍을 통해 남쪽에 있는 보수 정권을 도와줬단 말이에요. 서로 말하지 않아도. 대한민국의 현 정국 때문에 북한에 있는 김정은 세력 특히 군부 강경파들이 사실 남한의 정국에 어떻게든 정치적으로 개입할 수 있는 위험성이 있는 거죠. 따라서 이 자리를 빌려서 저는 북한에 강력히 경고하는데, 이 대한민국의 박근혜 하야 국면은 우리 국민이 알아서 풀 거기 때문에 만에 하나 김정은이 여기에 정치적으로 개입하거나 군사적으로 어떤 무력 충돌을 해가지고 한반도 상황을 꼬이게 하거나 결과적으로 이런 국면을, 이를테면 보수 극우 세력에 도움을 줬다가는 정말 철퇴를 맞을 거다, 이 말씀을 드리고요.

최진 원장 그런 불장난을 못할 거다?

최성 시장 아니죠. 해서는 안 된다는 거지요. 김정은 정권과 그들이 알 수 없는 어떤 선택을 할 수가 있기 때문에 거기에 경계를 해야 된다는 뜻이고요.

최진 원장 그런데 혹시 그 불장난 때문에 이 국면이 희석될 가능성은 없나요?

최성 시장 이제 그 부분은 어느 정도 상황으로까지 이 사태가 전개되느냐 하는 건데, 그 문제와 연관돼서 지금 저도 고양시장인데 광화문까지 나와 가지고 이렇게 하는 데에는 박근혜 대통령의 충격적인 게이트의 실체도 심각하지만 지금 형님이 말했던 대한민국의 안보 상황, 위기 상황이 심각하기 때문입니다. 왜냐하면 지금 미국 대통령에 트럼프가 됐잖아요. 자국민 보호주의, 미국의 군산복합체 권익을 대변하게 될 가능성이 큽니다. 그러면 미국의 국익을 위해 한반도의 군사적인 위기 상황을 이용할 우려가 있습니다. 형님이 이야기했던 김정은의 위험천만한 불장난이 연결되면 이게 한반도에서 전쟁의 위기에 버금가는 이런 군사적 위기 가능성이 높고요. 이 위기가 고조되면 제2의 IMF 위기 같은 상황이 올 가능성도 오기 때문에 박근혜 대통령을 얼른 끌어내리고 새로운 진영을 짜서 외교 정책, 안보 정책을 펴야 한다고 생각합니다.

최진 원장 역시 통일 외교 안보 문제 나오니 우리 동생이 펄펄 납니다. 정말 도움이 되는 이야기였습니다. 우리 이제 미래 이야기를 해봅시다. 이번 국면에서 대권 주자들 중에 득을 본 사람도 피해를 본 사람도 있잖아요. 예를 들면 요즘 반기문 총장 이야기가 많이 나오던데 어떻게 생각해요?

최성 시장 조심스럽지만 반기문 유엔 사무총장은 대선에 나와서는 안 돼요. 첫째로 반기문 유엔 사무총장은 기본적으로 10년 동안 세계의 평화를 지키는 유엔 대통령이었습니다. 세계의 대통령인데 이 진흙탕 속에서 뒹굴어보겠다는 건 말이 안 되고, 반기문 총장을 위해서, 그다음에 우리 국민들을 위해서, 대한민국의 미래를 위해서 도움이 안 된다는 이야기고요.

두 번째는 반기문 유엔 사무총장이 대권을 꿈꿨다면 박근혜 정부가 상당히 안정되어 있고 레드 카펫을 깔아주면 고려해볼까 이렇게 생각한 건데, 지금 반기문 유엔 사무총장이 대선에 나오게 되면 세 번의 고비가 있게 됩니다. 하나는 당내 경선, 본선에서의 치열한 싸움, 당선이 되고 나서도 반쪽짜리 대통령이 될 가능성이 높죠. 그냥 전직 유엔 사무총장으로 전 세계를 돌아다니며 반기문 재단 만들고 세계의 평화를 위해서 노력하면 명예로운 전 사무총장으로 역사에 남을 테니까요. 형님 생각은 어떠십니까?

최진 원장 동생이 다분히 야당 쪽 시각에서 이야기했으니까 저는 다분히 의도적으로 중립적 시각에서 이야기하겠습니다. 최근 들어 최순실 게이트 이후로 반기문 지지도가 떨어졌잖아요. 나는 실질적으로 반기문에게 득이 많다. 왜냐하면 친박이 와르르 무너졌잖아요. 친박이 살아 있었으면 친박의 등에 얹혀 반기문이 곧바로 갑니다. 하지만 친박이 무너졌기 때문에 오히려 반기문의 선택은 넓어졌다. 제3지대로 제4지대로 제5지대로 갈수 있어요. 오히려 영역이 넓어졌다.

두 번째로 국민이 난리가 났잖아요. 온통 정치는 시끄럽고 비리들이 나오면 국민들은 막연히 새로운 사람, 멀리 떨어져 있는 사람에 대한 기대감을 갖거든요. 반기문에 대해 환상을 가지게 될 수 있어서 그런 점에서 더 유리한 것이다. 다만 우리 대통령이 되기 위해 반드시 있어야 하는 것이 있죠. 그것은 바로 1번이 내공이라는 것이죠. 형체를 알 수 있는.

또 하나, 마지막으로 야당이 제대로 된 대안을 내세우지 않으면 반기문이 뜰 수 있기 때문에 빨리 우리 야당, 정국을 주도하고 있는 문재인 대표 같은 대권 주자들이 국민들이 끄덕일 수 있는 그런 대안을 제시해야 방금 동생이 얘기했던 대로 반기문이 신기루처럼 사라지고 국민들이 새로운 대통령 리더십을 기대하도록 만들 수 있다고 봐요.

지금 여야가 많이 갈팡질팡한다는 말이 많잖아요. 만약에 우리 동생이 제1야당 대표라면 어떻게 하겠어요?

최성 시장 일단 야당에 대한 국민들의 지적이 있죠. 야당이 진정성이 부족한 거 아니냐, 너무 다음 대권에 많이 가 있는 거 아니냐라는 점인데요. 역사상 유례없는 이 국정 농락 사태를 맞아 당리당략을 떠나서 탄핵 절차를 어떻게 하고, 이 과정에서 누구를 책임총리로 임명하고, 어떻게 거국내각을 구성하고, 추악한 정경유착과 비선 실세를 어떻게 하면 제도적으로 막아낼 수 있느냐, 이런 부분에 대한 비전, 진정성, 철학, 야권에 대한 통합된 논의를 이끌어내야 하겠죠. 지금 발언들을 보면 서로 튀려고 하고 계산을 하려고 하는 모습들이 국민들한테 비춰지니까 어떤 이야기를 해도 진정성을 갖고 보지 않는 부분이 있는데요. 이걸 깨는 것이 우리 야당의 또 다른 도전이라고 봅니다.

최진 원장 100퍼센트 동감하고, 방금 이야기한 모범 답안이 실현되어야 하는데요. 그걸 만들기 위한 여야 비상 회의 같은 거요. 제일 중요한 게 이를테면 개헌 문제잖아요. 왜냐하면 개헌 문제는 대권 주자들이 서로 이해관계가 엇갈리기 때문에, 어느 선까지 개헌하냐, 책임총리 어떻게 할 것이냐, 이름 쭉 펼쳐놓고 밤을 새가면서 비상 회의를 해야 한다는 것입니다. 그 논의가 돌아가는 모습만 국민들이 봐도 아! 야당이 대안을 만들어내고 있다는 신뢰를 가질 수 있다는 거죠.

두 번째가 중요한 건데요. 차기 대권 주자들 인간성 검증 제대로 해야 됩니다. 저번에는 공약 검증하고 뭐 다른 정치제도 검증하고 이랬잖아요. 지금은 정신세계, 우리 같은 정치심리학자들은 인간적인 것, 퍼스널러티를 꼭 검증해야 한다고 봅니다.

최성 시장 그 대목에서 제가 꼭 드리고 싶은 이야기가 있는데, 우리는 인기 스타를 대통령으로 뽑아놓으니까 철저한 검증을 안 해요. 그러다 보니까 비극이 발생하는 것이죠. 어떤 책임 있는 로드맵도 중요하지만 바로 조기 대선이 있을지도 모르기 때문에 어떤 대선 후보든지 간에 머리끝부터 발끝까지, 심장까지, 그동안 걸어왔던 걸 검증하는 것이 제일 중요하다고 봐요.

최진 원장 아주 중요하지요. 장밋빛 미래를 검증하지 말고 어두운 과거를 검증해야 합니다.

최성 시장　이제 시간이 되었으니 촛불집회에 참여하러 가야 하고 형님도 방송 스케줄이 있으시니까 마지막으로 한 말씀 해주시 지요.

최진 원장　어젯밤 청와대 앞을 혼자 걸어서 한 시간 넘게 쭉 가 보았습니다. 분수대에서 대통령 집무하는 본관 앞까지 해서 여러 차 례 경호원 검사 제지를 받으면서 쭉 한번 걸어보았습니다. 그러면서 느낀 점이, 이렇게 나라가 어지럽고 혼란스러운데 청와대 안팎 늦가 을 단풍들은 속절없이 아름답게 활활 불타고 있었습니다. 아시다시 피 대한민국 정치도 활활 불타고 있잖아요.

대한민국 국민의 분노가 활활 타오르고 있습니다. 오늘 광장에 나오시지 않거나 집 안에 계신 분들, TV를 보고 있거나 생각에 잠겨 계신 분들, 자기 일을 보고 있는 분들. 이 광장에 나오지 않은 분들의 분노도 못지않게 무서울 겁니다. 대한민국 천지에 퍼진 산불을 끌 수 있는 사람은 바로 대통령입니다. 심플하게 딱 국민만 보십시오. 그렇게 딱 내려놓으면 모든 문제들이 일거에 해결될 수 있습니다.

사족을 달자면, 우리 대한민국 국민 여러분, 오늘을 계기로 해서 차기 대선에서 '정치인은 싫어. 두 번 다시 투표 안 해' 이렇게 하지 마시고, 두 눈에 쌍불을 켜고 어떤 대권 주자가 나은지, 대한민국 정치가 어디로 가는지 두 눈으로 똑바로 보고 제대로 된 한 표를 찍어야 두 번 다시 이런 불행한 사태가 오지 않는다고 생각합니다. 이상입니다.

최성 시장 존경하는, 꽃보다 아름다우신 국민 여러분, 시위가 끝나고 쓰레기 줍고 경찰차에 붙은 스티커 떼고 비폭력 평화 시위를 하는 전 세계에서 가장 위대한 국민 여러분, 이 위기를 슬기롭게 극복해서 박근혜 대통령을 하야시키고 또 그와 관련된 책임자 처벌 이뤄내고 진정으로 좋은 대통령 그리고 대통령 한 명이 아닌 제대로 된 참 좋은 정부 꾸려야 합니다. 분단된 조국에 평화를 가져다줄, 갈기갈기 찢긴 국민들의 상처를 어루만질 따듯한 대통령, 우리 국민들이 함께 만들어봅시다. 지금까지 최진 교수와 최성 시장 형제의 광화문 촛불집회 현장 썰전이었습니다. 경청해주셔서 대단히 감사합니다.

**2006년 11월
국회 운영위원회**

대통령과 청와대 참모를 위한 3가지 제언

"청와대 참모는 분노한 민심을 정확히 전하라"

국회 운영위원회에서 청와대를 상대로 한 질의(2006년 11월)에서 최성 의원은 이병완 청와대 비서실장을 상대로 과거 김대중 정부 시절 청와대에서 근무했던 경험을 토대로 "노무현 대통령에게 직언할 수 있는 용기가 필요하다."면서 이반된 민심을 가감 없이 전달했다. 10년 전 최성 의원은 박근혜 게이트로 얼룩진 오늘의 정치현실을 정확히 간파, 지적했다.

최성 의원 북한 핵 위기, 또 부동산 대란이라고 표현되는 중요한 순간에 대통령 지지율 10퍼센트, 또 열린우리당 지지율 10퍼센트대라는 참혹한 민심 앞에서 5분이라는 추가질의 동안 무엇을 할 수 있을 것인가를 고민했습니다.

이병완 실장님, 또 이 자리에 계시는 많은 청와대 직원분들 대부분 학교의 선배, 또는 청와대 때 같이 근무했던 동지, 또 앞으로 사회에 나와서 함께 평화와 민주주의, 인권을 위해서 함께 우리가 새로운 미래를 꾸려 나가야 될 분들인데 임기 말 대통령과 청와대 참모가 어떤 일을 해야 될 것인지 세 가지 정도 정책 제언을 드리고자 합니다.

이 정책 제언은 개인적으로 김대중 정부 시절의 청와대 4년의 경험, 또 초선 의원으로서 3년 넘게 많은 국민들을 만나면서 느꼈던 민심입니다. 혹시 서운하시더라도 앞으로 우리의 더 나은 미래를 위한 고언으로 받아주셨으면 좋겠습니다.

저는 "국민이 대통령입니다."라는 참여정부의 슬로건은 앞으로 어떤 정부가 들어선다 하더라도 이 이상 좋은 슬로건은 없다고 봅니다. '국민이 대통령입니다. 그리고 대통령이 곧 국민입니다.', 저는 이 슬로건의 정신으로 청와대 참모들이 돌아가야 되지 않느냐 생각합니다.

청와대 참모가 변하면 대통령이 변하고 대한민국의 미래가 변하리라고 확신합니다. 결코 늦지 않았다고 보고요, 늦었다고 생각하는 시기가 가장 빠르다고 생각합니다.

저는 이 자리에 계시는 비서실장님과 대한민국 최고의 엘리트라고 하는 50여 명의 청와대 참모가 직을 걸고 자리에 연연하지 않고 대통령께 직언할 수 있는 용기가 필요하다고 봅니다. 만약 청와대 참모가 제대로 민심을 읽지 못하거나 제대로 민심을 대통령께 전하지 못할 경우 지금 우리가 겪고 있는 안보와 경제, 즉 국민의 생존권과 빵의 문제를 해결하지 못하게 되고 아마 분노한 민심 앞에서 결국은 때늦은 후회를 하리라고 생각합니다.

그래서 앞서 질의에서 말씀드렸던 것처럼 첫째 가장 필요한 부분으로 청와대 참모는 대통령께 민심을 정확히 전해야 된다고 생각합니다. 특히 임기 말 민심 왜곡 현상은 어떤 정권, 어떤 정부에서도 있었던 공통의 현상이라고 봅니다.

또 레임덕의 불안감 속에서 더욱 민심과 동떨어진 정책을 추진할 유혹에 빠지기 쉽다고 봅니다. 따라서 자만과 독선, 닫힌 귀, 이러한 유혹을 떨치고 겸손한 마음으로 불만 민심을 어루만지는 작업은 청와대만의 일이 아니라 열린우리당 그리고 한나라당, 우리 모두의, 정치권의 자성이 필요한 일이라고 봅니다.

두 번째는 대통령과 청와대 참모는 정말로 정치에 깊숙이 관여하지 않았으면 좋겠습니다. 왜냐하면 임기 말 정국은 모든 것이 대통령 선거와 연결되고 민생 정치도 정략적인 공세의 대상이 되기 때문입니다.

여론조사에서도 67퍼센트 가까이 정계 개편을 반대하고 있기 때문에, 저는 일부 언론에서 열린우리당의 정계 개편과 관련해 사시적(斜視的), 정략적으로 접근한다 하더라도 그와 무관하게 대통령과 청와대는 정계 개편과 관련된 개입을 최소화하고 관여되지 않았으면 좋겠습니다.

그리고 끝으로 대통령과 청와대는 안보와 민생, 경제 문제에 전념했으면 좋겠습니다. 일부에서 주장하는 것처럼 저는 북핵 위기에 잘못 대응할 경우 제2의 IMF, 핵 IMF가 올 정도로 압박과 봉쇄, 붕괴 이러한 전면적인 대북 봉쇄 정책이 참으로 위험하다고 봅니다.

부동산, 주택, 복지, 이런 민생 문제에 지금부터 너무 일 벌리지 말고 차근차근 챙기시면 당장의 지지율은 10퍼센트지만 역사에 남는 대통령이 되고, 이 자리에 함께하고 계시는 여러 선배, 동료, 후배, 청와대 참모님들이 나중에 청와대에 있었던 시절이 자랑스러우리라고 생각을 합니다.

아무튼 조금은 듣기 거북한 말씀이 있으셨더라도 비서실장님께서 청와대에서 참모들과 함께 대통령께 직언해주시고 정말 다시 "국민이 대통령입니다."하던 그때로 돌아갔으면 좋겠습니다. 감사합니다.

준비된 대통령,
김대중 정부의 탄생

2분 39초   https://youtu.be/HX8EE3EpjNk

'DJP 연합'과 '준비된 후보론'을 통해 해방 이후 최초의 정권교체를 이룬 김대중 대통령. 필자가 김대중 전 대통령의 안보보좌역이자 TV토론 대책팀장으로서 '김대중 대통령 만들기'에 참여하며, 보고 듣고 느꼈던 김대중 대통령의 삶을 여기에 담았다. 앞으로의 대선에 김대중 대통령의 당선이 주는 교훈은 무엇인가?

2장

차기 대통령의 책무와 대선공약

광주 21세기 남도 포럼 특별강연

편집자 주 2016년 12월 최성 고양시장이 전국 대도시 시장협의회장, 김대중사상
계승발전위원장 자격으로 광주 21세기 남도 포럼에 참석해 '차기 대선과 호남
의 정치 리더십'을 주제로 발표했던 초청강연의 실제 녹취록을 재구성했다.
광주에서 태어나 초·중·고를 나온 최 시장은 해방 이후 최초의 여야 정권교체
를 이룬 주역이자, 김대중 사상을 계승한 호남출신의 정치인으로서 촛불민심과
호남민심, 그리고 차기 대통령의 5가지 책무에 대한 명연설을 펼쳤다.
21세기 남도 포럼(대표 조선대 오수열 정치외교학과 교수)은 2000년 지역과 국가
문제의 공론화를 기치로 내걸고 창립된 호남 지역의 대표적인 단체로, 일체의
정치권력이나 이해집단으로부터 독립된 순수한 민간시민단체로서 230여 명의
회원으로 구성되어 있다.

차기 대통령의
5가지 책무와 대선공약

안녕하십니까, 고양시장 최성입니다.

저는 김대중 전 대통령의 안보보좌역 그리고 후보 시절 TV토론 대책팀장 등을 맡으며 김대중 전 대통령을 당선 이전부터 가까이서 모셨고, 해방 이후 최초의 여야 정권교체의 주역이 되기도 했습니다.

특히 개인적으로 가장 영광스러웠던 순간으로 우리 김대중 전 대통령께서 대통령에 떨어지시고 아태재단을 창립하셨을 때 3단계 통일 방안을 대통령과 함께 구상하고, 또 햇볕정책을 최초로 입안하실 때 대통령께서 저하고 가장 먼저 상의하셨는데요.

제가 김대중 대통령의 친필 메모를 받아가면서 햇볕정책 입안을 하고, 역사적인 남북정상회담을 성사시키고, 또 김대중 대통령께서 노벨평화상을 받고 IMF 외환위기를 극복하기까지 그 역사적인 거인과 함께 10여 년을 함께했다는 데 한없는 자부심을 느낍니다.

우연인지 필연인지 광주 출신인 제가 웬 고양시에서 시장을 하느냐는 분이 종종 계시는데, 두 가지 이유입니다. 먼저 고양시에는 KTX 경의선 출발 역사인 행신역이 있는데요, 거기서 기차를 타면 개성까지 한 시간도 걸리지 않습니다. 철의 실크로드의 중심 지역인 것이죠. 물론 광주까지도 두 시간이면 가고요.

또 김대중 전 대통령께서 세 번 네 번 대통령 떨어지시고 도저히 안 되겠다며 포기하시다가, 그래도 한 번 더 도전하겠다고 결정하셨을 때 고양시로 오셨습니다. 대통령 되실 때 고양시민으로서 대통령이 되신 겁니다. 잘 모르셨죠? 네, 제가 그 도시의 시장입니다. 이 정도면 이유가 될까요?(웃음)

본론으로 들어가서 현재 대한민국은 사상 두 번째로 대통령 탄핵 국면에 들어섰으며 실질적으로 대한민국 국민의 90퍼센트가 대통령의 탄핵을 요구하는 상황에 놓여 있습니다. 90퍼센트라 함은 조금 과장하자면 인구 오천만 중 아이들, 박근혜 대통령 친인척, 최순실 일가를 제외하면 전부인 셈이죠.

현재 친박 진영은 대통령 탄핵을 막고자 몸부림을 치고 있지만 누구보다도 박근혜 대통령을 사랑했던 대구를 중심으로 한 많은 분들이 오히려 더 분노하고 있습니다. 이런 대통령인지는 몰랐다는 겁니다. 광주에서도 촛불집회가 있었겠지만 저는 6주에 걸친 광화문 촛불집회에서 밤늦게까지 시민들을 만났는데, 중고등학생, 고3 수험생, 어르신은 물론이고 박근혜 대통령을 사랑했던 분들이 오히려 야권 성향의 분들보다 더 분노하고 있는 모습을 봤습니다. 이렇게까지 국정이 완벽하게 농단될 줄은 몰랐다는 겁니다.

그런 점에서 이번에 박근혜 대통령 탄핵의 의미를 정확히 읽어야 된다고 봅니다. 최순실 일가에 의한 국정 농단, 무능하고 무책임한 마네킹 박근혜 정권, 이렇게만 이 사안을 치부해서는 안 된다고 봅니다.

박정희 정권 시절부터 이어져왔던 군부 권위주의 정권의 정경유착, 그리고 강권 통치에서 오는 문제점이 고스란히 드러난 것이라고 할 수 있는 것입니다.

최근 국면에서 친박과 비박 진영의 반기문 카드, 황교안 대안론 등 여러 논란이 있지만 문제의 핵심은 누가 대통령이 될 것인가, 누가 이길 것이냐가 아닙니다.

어떻게 하면 박정희에서 박근혜로 이어지는 적폐를 근본적으로 해결하고 제2의 최순실을 막아낼 것인지가 중요합니다. 궁극적으로 촛불 민심에 드러난 사회 정의와 민주주의와 인권의 중요함을 직시하고, 국민의 삶의 행복지수를 높일 수 있는 그런 정부가 출범해야 한다는 것입니다.

어떤 정치체제가 이 나라에 정치혁명을 일으킬 것인가, 어떤 대통령이 도덕성과 책임성을 갖고 국정에 임할 것이며 제왕적 대통령제의 폐단을 극복할 수 있는가 하는 차원에서 접근해야지, 몇몇 정치권에 있던 분들이 유력한 대권 후보였다가 그게 안 되니까 차라리 내각제를 하자는 식의 논의는 안 되는 것이죠.

또 반기문 유엔사무총장이 출마하게 되면 그분에게 진정으로 지금의 민심을 반영할 수 있는 지도력, 정치력, 그리고 한반도 평화에 대한 의지와 노력 이런 부분이 과연 있는가 하는 적격성도 그렇고요. 정책, 도덕성과 같은 부분을 검증하지 않고 그저 널뛰기식 여론조사의 흐름에 의해 움직인다면 또다시 우리가 대선이 끝난 이후에 손가락에 장을 지진다는 둥 이런 대통령이었는지 몰랐다는 둥… 이러지 않으리란 보장이 어디 있겠습니까?

불가피하게 대선이 한 6개월 정도 빨리 치러질 수 있는 상황이지만, 일각에서는 탄핵 국면인데 무슨 검증이 필요하느냐, 대충 민주당 후보들 정해졌으니까 빨리 결정하자고 합니다. 이런 생각은 너무도 위험합니다. 박근혜 탄핵 이후 대선 정국, 그리고 촛불 민심은 정치 개혁, 청렴성, 역량 이 부분들을 훨씬 더 높은 수준으로 요구할 겁니다.

이명박 정부 때 어땠습니까? 100일 만에 100만 광우병 시위가 있었죠. 그건 단순히 광우병 때문에 나온 것이 아니죠. 이런 대통령이 어떻게 CEO 대통령이냐며 국민들이 분노했던 것이고 그런 점에서 볼 때 지금 거명되는 여야 후보들은 조기 대선 흐름 속에서 시민들에게 또 다양한 기관들을 통해 알몸으로 검증을 받아야 할 것이라고 생각합니다.

다시 돌아가자면, 어떤 시대정신이 요구되느냐, 그럴 때 어떤 후보, 어떤 세력이 거기에 적임인가, 그리고 어떻게 이 프로세스를 만들어서 정책을 추진하는 것이 안정적인 민주개혁 정부를 만들 수 있는 길인가가 중요하다고 말씀드렸는데, 누가 사이다 발언 했다, 요즘 뜨더라가 주된 논의 주제가 되어버렸습니다. 저도 스트레스를 조금은 받아요.(웃음) 보통 때는 여러 가지 성과 운운하던데 최 시장은 어떻게 된 거야? 왜 안 뜨지? 최 시장도 질러! 이런 이야기를 듣는 게 뭐 한두 번이 아니에요.

그런데 시원한 사이다 발언을 했던, 혹은 때마다 인기 영합적 발언을 했던 분들이 이 중요한, 제2의 IMF 위기가 올지 모르는 상황,

남북 간 군사적 충돌이 있을지 모르는 상황, 지역과 계층과 세대 간의 갈등 등 5차 방정식 같은 문제를 풀 수 있는 통합적 리더십을 보여주었습니까?

전과 몇 범인지 모르겠는데, 아무튼 그런 대통령을 뽑아놓고 100일 만에 자기 손에 장을 지지고 싶대요. 이 부분에 대해서는 우리 국민들도 사실 조금은 성찰할 필요가 있다, 이렇게 봅니다.

개헌 문제를 짚어볼까요? 대통령이 되려고 했는데 그게 여의치 않으니 나눠 먹기 식 권력 구조를 만들고 그것을 통해서 기득권을 유지하려는 그런 유의 개헌 논의는 저는 반대예요.

그러나 적어도 과도한 제왕적 대통령제, 그리고 5년 단임제의 심각한 문제점, 공천 시스템의 혁파, 그리고 자치분권. 예를 들어 광주의 발전은 광주의 자치단체, 전남의 자치단체, 광주시민과 전남도민이 함께 만들어가는 진정한 지방자치를 실현해야 된다는 것이죠. 이런 목적을 위한 개헌 논의는 내실 있게 해야 할 필요가 있습니다.

그러면 2016년 12월 광주는, 그리고 차기 대선에서 광주는 어떤 선택을 해야 될 것인가. 어떤 접근을 해야 될 것인가. 모든 대선 후보와 국민들이 주목하고 있을 겁니다.

지난 총선 때를 회고해보면 어느 누구도 광주의 선택을 예상하지 못했어요. 노무현 대통령 당선 때를 보더라도 광주에서 노무현 대통령을 선택할 거라고는 누구도 예측하지 못했습니다.

그럼 지난 총선에서 광주 민심과 호남 민심은 무엇인가. 이번에 나타난 촛불 민심은 무엇인가. 저는 일맥상통하다고 봅니다. 비록 저희 형님이 광주에서 더불어민주당 후보로 나와서 떨어졌지만 그러나 객관적인 역사적 사실은 이야기를 드려야죠.

지난 총선 때 광주의 민심은 너무 많은 고민을 한 가운데, 자기 남편 자기 아내가 누구를 찍는지도 모르는 가운데 선택을 한 거예요. 그리고 싸우기 싫으니까 표현 안 하고. 겉으로 드러난 광주 민심만 보고 판단해서는 안 되는 거죠.

폭압적이고 불공정하고 역사의 수레바퀴를 거꾸로 되돌리는 박근혜 정부를 반드시 심판해라, 광주는 국민의당에게 기회를 한번 줘보겠다, 그리고 호남이 아닌 지역에서는 민주당에 기회를 줘볼 테니 힘을 합쳐서 반드시 정권 교체를 이룩해라. 그렇게 해서 역사상 유례없는 여소야대 정부를 만들어준 거예요. 그걸 누가? 광주와 호남 민심이죠.

이렇게 형성된 여소야대 정국 때문에 개헌 선까지 넘을 걸로 봤던 새누리당이 궤멸적 타격을 받게 됐다고 볼 수 있어요. 그렇지 않습니까? 따지고 보면 이 촛불 민심의 불씨도 정말 어려운 선택을 했던 광주와 호남 정신, 일제강점기 광주학생운동, 해방 이후 반독재 민주화운동, 분단을 극복하는 평화통일 운동과 5·18 광주항쟁, 여야 간 정권 교체를 위한 광주의 선택, DJP 연합에 대한 용인 등에서 비롯됐다고 봐요. 총선과 대선 때마다 끊임없이 개혁적 야권 통합을 요구한 것도 물론이고요.

이번 촛불 국면에 여러 위기가 있었잖아요. 탄핵으로 갈까 말까? 하야를 하나 마나? 이럴 때 민주당과 국민의당 등 여러 세력이 복잡한 계산을 했을 겁니다. 그러다가 어떤 대선 후보든 어떤 정치세력이든 여기서 꼼수 부려서 자기의 정치적 이해득실을 따지면 바로 정치생명이 끝날 수도 있다는 위기의식을 느꼈을 거예요. 지난 총선 때부터 그런 기류가 있었다고 봅니다.

그렇게 되니까 꼼수를 부리려고 했던 일부 세력이 정신을 바짝 차린 거예요. 그래서 결국은 탄핵안이 가결됐고요. 이 부분은 광주와 호남만의 경고가 아닌 모든 민주개혁진영의 경고와 관심이 진정한 민주개혁 정부, 공정하고 정의로운 사회를 만드는 데 쏠려야 한다는 것을 의미한다고 봅니다.

그렇다면 광주와 호남에는 어떤 리더십이 필요합니까? 출신을 따지지 않고, 때만 되면 찾아와 표를 구걸하는 사람을 동정하지 않고, 광주와 호남을 정략적 연대의 대상으로 삼지 않는 것은 기본입니다. 진정으로 민주주의, 평화, 인권, 사회정의를 행동하는 양심으로 실천하고 중요한 역사적 국면 때마다 희생적 결단을 했던 그 정신을 뼛속 깊이 간직하고 실천하는 리더십이 필요한 것이죠.

광주와 호남 지역에 올 때마다 저는 여러 분들을 뵈었지만, 제 예상보다도 더 광주와 호남 민심은 특정인에게 쏠려 있지 않다는 것을 알게 되었습니다. 누가 진정으로 정권 교체의 실질적 주역이 될 수 있는지를, 단순한 지지율의 등락이 아니라 철저히 시대정신을 고민하고 전략적 사고를 하는지를 예의주시하고 있다는 것이죠.

저는 자신컨대 차기 대선에서 야권의 승리, 민주진영의 승리를 긍정적으로 봅니다. 광주가 깨어 있고 호남 정신이 살아 있고 전국에 있는 민주개혁진영이 두 눈을 부릅뜬 채 탄핵 이후의 상황을 직시하고 있기 때문입니다. 누구라도 예외 없이 민주개혁 정신을 배신할 경우 강력한 심판을 받는다는 것이고, 더 중요한 건 지금의 유력 후보들은 제가 개인적으로도 잘 아는 분들이지만 이런 민심의 무서움을 강하게 느끼지 못하고 있다는 사실입니다.

그렇다면 바람직한 대통령의 리더십, 바람직한 차세대 호남의 정치 리더십에는 구체적으로 먼저 청렴성과 도덕성이 무엇보다 중요하다고 할 수 있습니다.

일반 공직자들은 약간의 청탁만 받아도 징계를 받고 공직을 떠나게 됩니다. 그런 상황에서 일국의 대통령이 되고자 하는 사람이 전과 이력이 있거나 또 여러 가지 특혜와 비리에 연루됐을 경우 그 부분에 대한 철저한 검증을 하지 않으면 제2, 제3의 최순실은 차기 정부에서도 어김없이 나타날 것입니다. 이 부분에 대해서는 아무리 시급한 상황이더라도 가혹할 정도로 투명하지 않으면 안 된다는 것이고요.

두 번째는 공정하고 정의로운 리더십입니다. 광장의 촛불 민심은 대한민국이 썩었다, 불공정하다, 노력해봤자 성공의 기회가 없다며 좌절하는 것으로부터 시작됐다고 생각합니다. 완벽하게 공정할 수는 없지만 적어도 다음 정권은 경제적인 불평등 해소, 사회적인 차별 해소, 이런 부분에 모든 열정을 바칠 수 있어야 될 것입니다.

다음으로는 평화경제의 리더십입니다. 대한민국의 경제 현실에 통달한 석학들은 제2의 IMF가 찾아올 가능성이 높다고 경고합니다. 제가 아는 하버드대 출신 교수도 제2의 IMF로 가는 이 경로를 대한민국이 피하기 어렵다고 이야기하고 있고요.

이 와중에 자국의 이익을 최우선으로 하는 트럼프의 등장, 지구상 가장 통제 불가능한 인물 김정은, 군사대국화를 호시탐탐 노리는 아베, 외교안보 기밀까지 개인에게 갖다 바친 대한민국 국정 농단 상황. 어떤가요? 과연 제2의 IMF와 한반도의 군사적 충돌 위기를 충분히 막아낼 수 있을까요?

이것을 누가 해결할 겁니까? 당장의 속 시원한 발언만으로 풀 수 있나요? 사드 문제를? 위안부 문제를? 경제 위기를? 북핵 문제를? 일자리 창출을?

그런 점에서 촛불 민심으로 대변되는 국민참여의 검증 절차는 반드시 필요합니다. 이것을 정치권에만 남겨가지고는 불을 보듯 합니다. 기득권 유지를 위한 정치적 연대에 갇히다 보면 국민들은 불가피한 선택을 할 수밖에 없습니다.

네 번째로 국민 통합의 리더십입니다. 자신들의 절대적 지지 기반을 견고히 하고자 당내 경선에 유리한 발언을 하면 그 순간에는 박수를 받고 지지율이 올라갈지 모릅니다. 하지만 앞서 말씀드렸듯이 지역, 계층, 외교적 갈등 등 셀 수 없이 많은 갈등들을 복합적으로 해결할 수 있는 통합 지향적 대통령이 나와야 합니다.

마지막으로 준비된 대통령이 나와야 됩니다. 여담으로 박근혜 대통령이 대선 출마할 때 슬로건이 뭐였는지 아세요? 김대중 대통령 후보의 슬로건을 그대로 따라했어요. 당시 그 공약과 메시지를 제가 함께 만들었거든요. 준비된 대통령이었어요. 그런데 박근혜 대통령은 준비된 여성 대통령, 이렇게 됐어요. 자, 뭐가 준비가 됐습니까? 앞으로 모든 후보들이 다 준비됐다고 할 겁니다.

제가 국회의원, 시장 등 선거를 많이 치렀는데요. 대한민국의 매니페스토는 문제가 많아요. A라는 후보가 나오잖아요? 앞으로 대선 때 보세요. 앞으로 뭐를 어떻게 할 것인가를 더 중요하게 봐요. 이런 경우 A 후보 진영에 좀 똑똑하고 유능한 팀만 있으면 잘 만들면 돼요. 노동정책, 평화, 인사 등등. 국민은 그걸 보고 잘 만들었다 싶으면 그 후보를 찍어요.

물론 필수적이고 중요한 부분이지만 그것보다 더 우선되어야 할 것이 있죠. 예를 들어 반기문 총장이 대선에 나온다면 "분단된 조국 출신의 유엔사무총장으로서 위안부 문제를 위해, 북핵 해결을 위해, 독도 문제를 위해 무슨 일을 했느냐?"라는 물음에 답해야 되는 거죠.

지금 나오는 유력 대선 후보들은 청년 일자리, 어르신 정책, 복지 등 수많은 정책들을 이야기합니다. 그런데 본인이 그동안 자신에게 주어진 공간에서 어떤 성과를 냈는지, 어떤 문제가 있었고 그렇기 때문에 어떻게 앞으로 극복해 나가겠다는 성과와 정책적 깊이에 대한 검증은 쏙 빠져 있습니다. 그런데 두고 보세요. 대선 후보 검증 토론회 때 이와 같은 검증을 하는지 말이죠.

앞으로 어떻게 하실 거예요? 북핵 문제를 위해 어떻게 하실 겁니까? 경제 위기에 대해서는 어떻게 할 건가요? 이런 질문에 집중하다 보니 다들 어떻게 합니까? 교수들과 함께 공부하잖아요? 그런데 공부해서 되나요? 그럼 고시 공부, 시험으로 뽑아버리면 되는 거죠.

당신은 경제 위기 극복을 위해서, 통합을 위해서, 인사 개혁을 위해서, 일자리 창출을 위해서 무슨 성과를 냈느냐? 청계천의 신화 이런 거 말고요, 무엇을 준비해왔는지에 대한 질문들이 필요하다고 봅니다.

끝으로 탄핵 관철이라는 참으로 어려운 과제를 우리가 완수했지만 많은 국민들은 탄핵 이후 정치권이 과연 제대로 촛불 민심을 반영할 수 있겠는가 하는 부분을 회의적으로 바라보고 있습니다.

우리가 다시 한 번 냉정하게 판단해야 할 것은 촛불 광장에 나온 민심의 본질이 무엇인가, 진정으로 거리에 나와 있는 청소년들의 절규, 노동자들의 눈물, 이런 부분들, 미래에 대한 희망을 정확히 파악해야 합니다.

또 앞으로 무섭게 진행될 정치권의 정략적 야합, 그리고 기득권적 흐름을 촛불 민심의 그 열정과 놀라움으로 감시해내야 합니다. 진정으로 박정희-박근혜 정부로 이어지며 발생한 온갖 적폐들을 해소하고 국민 통합 시대, 실질적으로 국민을 위한 국민에 의한 시스템을 세워야 한다고 생각합니다.

그 중심은 일제강점기 시대부터 이번 촛불 민심의 분출에 이르기까지 주요 국면마다 결정적으로 희생적 결단을 했던 광주 시민들과 깨어 있는 호남 민심, 그리고 전국 각지에서 행동하는 민주개혁 진영의 양심이 갖는 위대한 힘이라고 생각합니다.

감사합니다.

[KBC광주방송]
'차세대 리더와의 파워인터뷰–최성 고양시장'

27분 33초

https://youtu.be/0q1kAtf18MQ

호남의 대표 방송사인 광주KBC가 차세대리더로 뽑은 최성 시장의 삶과 철학, 시정모습을 자세히 담고 있다. 최성 시장은 2014년 다산 정약용 선생의 철학과 정신에 바탕한 '제1회 KBC 목민자치대상' 시상식에서 '기초자치단체장부문'을 수상한 바 있다.

김대중 정부 IMF 외환위기 극복의 주역인 임창열 당시 경제부총리
와 청와대 외교안보비서실에서 중심적 역할을 수행한 최성 시장

편집자 주 본 원고는 트럼프 미 대통령의 당선과 미중 간 무역전쟁의 가능성, 그
리고 김정은 정권의 핵보유 강화 정책과 아베 일본 정부의 신군국주의 노선이
강화되는 한반도 안보 상황과 한국 경제의 총체적 위기 가능성이 제기되고 있
는 현 상황에서 IMF 외환위기를 극복한 임창열 전 경제부총리와의 대담 및 각
계 전문가의 의견을 종합하여 정리한 것이다.

외환위기보다 더 심각한
총체적 경제위기 대책 세워야

차기 대통령의 책무 중에서 가장 중요한 것은 북핵 위기를 중심으로 한 남북 간의 군사적 충돌 위기와 연계하여 한국의 국제 신인도와 밀접히 연결되어 있는 국내 경제의 총체적 위험성이다. 특히 박근혜 탄핵 이후 한국이 겪고 있는 경제 위기는 과거 외환위기보다 더욱 심각한 총체적 경제 위기의 위험성이 높다는 지적이 제기되고 있다.

그럼에도 불구하고 현재 여야의 유력한 대권 후보군들은 헌재의 탄핵 심판 조기 결정이나 여러 가지 정치적 목적에 기초한 개헌 논란만 강조할 뿐 현재의 총체적인 경제 위기를 극복하기 위한 근본적인 처방을 제시하는 경우는 거의 부재한 상황이다.

한반도 전쟁의 위험성과 평화경제대통령

대한민국의 경제적 위기는 한반도 안보상황, 특히 남북 간의 정치군사적 위기와 밀접한 연관성을 지니고 있다. 예를 들면 아무리 국내 경기가 호조일지라도 한반도의 안보상황이 일촉즉발의 위기로 치닫을 경우, 경제 위기는 훨씬 심각한 방향으로 흘러가게 된다. 설상가상으로 북핵 안보위기와 경제위기, 그리고 리더십의 위기가 복합적으로 발생할 경우엔 총체적인 경제위기가 초래될 가능성이 더욱더 높아진다.

북한의 김정은은 지난해 청와대를 향한 군사적 특수공격훈련 현장을 찾아 독려하는가 하면, 올해 신년사에서는 "북한은 핵개발 완성단계에 돌입했고 대륙 간 탄도미사일 시험발사 역시 마지막 단계에 이르렀다"며 미국와 한국에 대한 군사적 초강경 대응정책을 한층 강화해 나갔다.

이에 대해 트럼프 미 대통령은 "북한이 미국 일부 지역에 닿을 수 있는 핵무기 개발의 최종단계에 이르렀다는 주장을 했다. 그런 일은 없을 것"이라고 단언하는가 하면, 트럼프 당선 이후 미국 내에서는 북한 핵시설에 대한 대북선제공격 검토가 비중있게 논의되고 있는 상황이다.

트럼프 대통령은 과거 2000년 개혁당 후보로 대선에 출마했을 당시 저서 '우리에게 걸맞은 미국(The America We Deserve)'에서 북한 핵 원자로 시설에 대한 정밀타격(surgical strike)의 필요성을 제기한 바 있다.

실제 트럼프 대통령 취임을 전후로 미국의 전략정보분석 전문업체인 '스트랫포(Stratfor)'는 '무력으로 핵프로그램 저지'라는 제목의 보고서를 통해 "북한의 선제공격과 관련해서 최소한의 공격과 자칫 전면전으로 비화될 수 있는 포괄적 공격 2가지가 있다"며 구체적인 타격 목표물로 5MW 원자로와 재처리시설을 포함한 영변의 핵시설 등 3곳과 더불어 북한의 이동식 대륙간탄도미사일 등을 타격대상으로 거론했다.

이와 관련해 로이터 통신을 비롯해 윌리엄 페리 전 미국 국방부장관 등은 "설령 북한이 전쟁에서 진다고 하더라도 미국의 군사공격은 참혹한 패배를 초래할 수 있다", "북한의 핵과 미사일 프로그램을 파괴하는 것은 엄청나고 심각한 위험을 수반하는 바보스러운 결정이 될 것"이라고 비판하고 있다.

한마디로 대북선제공격은 한반도에서의 전면전으로 확대되고 상상할 수 없는 인명 살상과 천문학적인 피해가 발생할 것이라는 경고이며, 이런 경고는 과거 부시행정부 시절 다양한 비공개 군사보고

서에 언급되어 왔다. 문제의 심각성은 과거 미국의 이라크 공격으로 인한 이라크 전쟁 발발이, 후일 이라크 내 대량살상무기에 대한 미국의 잘못된 판단에서 기인했다는 미 의회보고서가 채택되었다는 점에서 북핵 문제와 미국의 대북선제공격 검토는 대한민국 국민의 생존권과 직결되어 있는 중차대한 문제가 아닐 수 없다.

하지만 트럼프 미 대통령이 취임도 하기 전에 미국 내에 확산되고 있는 북한의 핵시설에 대한 군사적 선제공격 검토와 한국 정부의 김정은 거세 특수전략부대 출범, 그리고 김정은 정권의 초강경 핵개발 강행 및 대외 군사적 공격훈련 등은 한반도에서의 전쟁위험성이 얼마나 고조되고 있는가를 보여주는 단적인 예다.

한반도의 주변상황이 이처럼 군사적인 대결구조로 치닫는 상황에서 일본은 한국 내 위안부 소녀상 건립을 이유로 들며 '한일 통화스와프 협상중단'으로 위협하고 있다. 한일 통화스와프라 함은 두 나라 중앙은행이 유사시 약정 금액만큼 통화를 맞교환하는 협정으로, 한국과 같은 신흥국은 IMF 외환위기와 같은 경제위기 때 자국의 통화가치 급락과 자금유출 위험을 누그러뜨리는 '외화안전판'이 될 수 있기 때문에 매우 중요하다.

과거 IMF 외환위기 때 일본이 한국과의 통화스와프 협상을 중단하여 심각한 사태가 더욱 확산되었던 사례를 감안한다면, 2017년의 대한민국호는 박근혜 대통령 탄핵으로 인한 국정공백, 김정은 정권의 핵개발 정책강화와 트럼프 행정부의 선제공격 검토, 그리고 일본의 경제적 압박 등이 맞물려 일부 외신의 경고처럼 한반도에 재앙이 오거나 페리 전 국방장관의 우려처럼 핵전쟁의 참화가 한반도에 발생할 가능성도 완전히 배제할 수 없는 참으로 위험천만한 상황이다.

이런 심각한 외교안보적 현실 앞에서 한국의 정치지도자들, 특히 여야 대권후보들은 현 상황을 어떻게 인식하고, 어떤 해법을 제시하고 있는가? 단순히 사드배치 찬반 여부를 두고 친미냐, 친중이냐 하는 이분법적 논란을 펴거나 종북 좌파세력이냐, 친미 사대주의 세력이냐라는 낡은 색깔론만 전개하고 있지 않는가? 참으로 한심한 상황이다.

지금 우리에게 필요한 지도자는 일촉즉발의 북핵 위기, 전쟁 위기, 안보 위기, 경제 위기를 극복할 수 있는 '준비된 평화경제대통령'이다. 그런 지도자가 나오지 않는다면 우리는 지금의 한국사회가 마주한 현실보다 훨씬 심각한 국가적 재앙에 직면할지도 모른다. 이와 같은 위기적 상황은 필자가 '대권 도전'이라는 중대 결심을 하게 된 결정적 요인이기도 하다.

천문학적인 가계 부채 등 통합 부채

지난 1997년 외환위기가 주로 금융위기와 외환위기에 의해 발생했다면, 지금 우리가 겪고 있는 경제 위기는 심각한 가계 부채 위기, 제조업 위기, 전자-조선-자동차 등 주력 산업의 위기, 만성적인 해외 적자 위기 등이 총체적으로 연계되어 있어 더욱 심각하다.

부채 분야만 보더라도 가계 부채는 1300조를 돌파했으며 이 중 위험성이 높은 자영업 부채는 500조를 넘어섰다. 공기업과 정부 부채는 약 1200조, 기업 부채는 약 2400조 이상이며 소규모 자영업 부채는 273조, 공식적으로 부채로 집계되지 않는 전월세 보증금 부채가 457조 원 등으로 총 부채 합계가 6000조 원이라는 천문학적 수준에 달하고 있다.

생활비의 40% 이상을 빚 갚는 데 쓰는 한계가구는 무려 135만 가구에 달하며, 청년실업율 역시 고공행진을 거듭해 지난해 말 8.2%로 13년 만에 최고치를 기록했다. 설상가상으로 미국의 기준금리가 1%포인트만 올라도 대출상환을 못하는 가구가 6만 가구까지 늘어나게 돼 가계 붕괴는 물론 금융기관과 부동산 시장까지 연쇄 충격이 불가피한 상황이다. 경제의 근간인 1900만 가계가 심각한 경제위기 앞에 노출되어 있는 것이다.

악화 일로에 있는 국내 및 국제 경제 상황

지속적으로 3퍼센트 대 미만을 기록하는 한국의 낮은 경제성장률과 제조업 전반의 침체와 위기, 그리고 약 2만 2000여 개의 외부감사 기업들 중 한계기업이 무려 3000여 개에 달한다는 점도 지금 우리가 겪고 있는 경제 위기의 심각한 요소다.

특히 중소기업 중 한계기업은 2만 개를 넘어섰다. 일반적으로 은행 이자가 0.5퍼센트 높아질 때 한계기업이 300개 이상 증가하는 추세를 감안하면 향후 한국 경제의 위기 지수는 더욱 높아질 것으로 보인다.

설상가상으로 트럼프 미 행정부의 등장으로 인한 미국의 보호무역주의 강화와 한미 FTA 재협상 요구 및 방위비 분담금 추가 요청, 사드 배치를 둘러싼 군사적 압박 등으로 한국의 대미 수출은 매우 어렵게 될 전망이다.

특히 미중 간의 무역전쟁이 강화될 것으로 예측되며, 이럴 경우 대미·대중 수출의존도가 매우 높은 한국은 최대 피해자가 될 가능성이 높다.

그동안 미국 대선 때문에 오르지 못했던 미국 기준금리가 12월 15일 드디어 0.25퍼센트 인상되었다. 언론과 전문가들은 2017년 한해 동안 3차례 정도 추가적인 금리 인상을 전망하고 있다.(2017년 연말 기준금리 2.5퍼센트 정도 예상)

이자율이 1퍼센트 인상됐을 때 추가되는 이자 부담이 60조 원 정도임을 감안하면 2017년 말 미국의 예상 기준금리를 바탕으로 할 때 한국의 추가 이자 부담은 무려 180조 원에 달하는 규모로, 미국의 금리 인상은 우리 경제에 매우 큰 타격을 줄 것이다.

뿐만 아니라 미국의 기준금리 인상으로 우리나라에 대한 해외 투자의 급감 가능성 또한 배제할 수 없다. 현재 우리나라 외환보유고 3700억 달러 중에서 즉시 현금 인출 가능액은 전체의 10퍼센트 수준으로 알려지고 있다. 나머지 90퍼센트 이상은 유가증권 형태로서 즉시 현금화가 가능한 금액이 얼마인지는 아직 정부 당국이 공개하지 않는 상황인 만큼, 한국 경제가 총체적으로 위기를 겪는 가운데 미국과 일본 등 해외 투기세력이 합세하면 심각한 외환위기가 확산될 가능성도 배제할 수 없다.

현재 우리나라의 정치 상황 역시 대통령이 탄핵으로 권한이 중지된 국가 리더십 공백이라는 위기상황이기 때문에 만에 하나 외환위기 등 경제 위기가 발생했을 경우 긴급 구조를 위한 대외 협상 또한 여의치 않은 실정이다.(일본의 통화스와프 협상 중단 통보 등) 2007년 세계 11위였던 우리나라의 국가경쟁력이 현재 26위로 약화된 것도 총체적인 경제 위기의 가능성을 높이는 또 다른 요소라고 할 수 있다.

이상의 예측 가능한 악재들 중 두세 가지가 한 번에 발생할 때 한국 경제는 지난 1997년 금융위기와 외환위기에 집중된 경제 위기를 외환보유고 확대를 통해 해결할 수 있었던 것과는 달리 여러 가지 위험 요소가 복합된 총체적 경제 위기로 빠질 위험성이 높다.

향후 바람직한 총체적인 경제 위기 극복 대책

따라서 박근혜 탄핵 이후 대선과 향후 차기 대통령의 역사적 책무를 논하는 데 있어 현재의 총체적인 경제 위기를 극복할 수 있는 능력, 특히 북핵 문제와 미중 무역전쟁 그리고 동북아의 외교안보 전쟁을 종합적으로 관리할 수 있는 리더십을 지닌 평화경제 대통령의 중요성은 아무리 강조해도 지나치지 않을 것이다.

경제 · 외교적 측면에서 차기 대통령의 핵심적인 정책 방향을 구체적으로 정리해보면 다음과 같다.

첫째, 지난 1997년의 외환위기가 총체적인 경제정책의 실패와 리더십의 위기에서 온 측면을 감안할 때 현 경제 위기를 극복하기 위해서는 총체적인 한국 경제의 위기에 대한 경제팀의 정확한 인식과 종합적이고 일관된 경제정책이 필수적으로 요구된다. 특히 대통령이 부재한 상황에서 트럼프 미 대통령의 당선과 보호무역주의, 금리 인상, 그리고 미중 무역전쟁의 강화 등 다양한 국제경제의 위험 요소를 고려해 비상적인 종합경제대책을 수립해야 한다.

둘째, 박근혜-최순실 게이트에서 여실히 드러난 정경유착의 구조적인 문제점을 근본적으로 해결할 수 있는 혁신적인 대책이 수립되어야 하며, 다른 한편으로 국내 일자리 창출의 90퍼센트에 가까운 결정적인 역할을 수행하는 중소·중견 기업과 청년 벤처기업을 육성할 수 있는 획기적인 지원책 마련 또한 시급하다. 이 과정에서 기업 구조조정으로 소위 '좀비기업(한계기업)'들을 정리하여 경쟁력 있는 업종과 기업 중심으로 체질을 대폭 강화하는 정책이 시행되어야 할 것이다. 그리고 대외 채무, 특히 달러화 채무를 최대한 신속히 정리할 필요가 있다.

셋째, 가계 부채와 각종 통합 부채를 최대한 빠른 시일 내 축소해야 한다. 이를 위해서는 대한민국 경제의 국제경쟁력을 높일 수 있는 신성장 동력 산업의 집중적인 육성뿐만 아니라 자영업을 비롯한 내수 경제의 활성화를 위한 각종 규제의 혁파 등 혁신적인 민생경제 대책 또한 마련되어야 할 것이다. 이밖에도 부동산 거품 빼기

를 비롯하여 각종 통합 부채 탕감을 위한 종합 대책이 마련되어야
할 것이다.

넷째, 외교는 총성 없는 전쟁이요, 국내 정치의 연장이라 할 수
있다. 하루속히 대통령의 국정 공백을 최소화시킬 수 있도록 헌재의
탄핵 심판 결정이 최대한 빨리 이루어져야 할 것이다.

다른 한편으로는 외교력을 발휘하여 트럼프 미 대통령의 취임
과 미중 간 무역전쟁, 김정은의 핵보유 강화 정책에서 오는 한반도
의 군사적 긴장 고조 가능성, 그리고 아베의 일본, 시진핑의 중국, 푸
틴의 러시아 등 한반도 주변 강국과의 외교 전쟁에서 한국은 총성
없는 경제 전쟁을 이겨낼 수 있는 실사구시적 국익 외교에 적극 나
서야 할 것이다.

특히 사드 배치 논란과 국정교과서, 일본군 위안부 재단 등 여러
가지 외교 현안을 풀어가는 데 있어서도 지금까지 박근혜 정부가 보
여 왔던 개념 없는 사대주의 외교가 아니라 한국 국민의 정서와 주
변 국가의 이해관계 등을 종합적으로 고려한 실사구시적 국익 외교
에 기초해서 추진되어야 할 것이다.

촛불민심과 시대정신을 반영하는 차기 대통령의 대선 공약

편집자 주 다음은 최성 시장의 민주당 대선후보 경선 출마 선언문 중 대선공약 분야의 주요 내용을 보다 상세히 기술한 것이다. 최 시장은 그동안 청와대와 국회에서 경험한 국정개혁의 성과 외에 대한민국에서 10번째 100만 도시(현재 104만)가 된 고양시를 전국 최초의 혁신자치도시로 변모시킨 성과를 토대로, 차기 대통령이 반드시 관철시켜야 할 촛불민심과 시대정신을 반영한 대선 공약을 제시했다.

1. 4차 산업혁명 대비 좋은 일자리 창출

4차 산업혁명은 최근 발전하기 시작한 첨단산업들을 ICT (Information & Communication Technology)를 이용하여 상호 연결하여 엄청난 시너지 효과를 내게 만드는 산업혁명을 의미한다.

4차 산업혁명의 핵심 분야는 인공지능, 가상 증강현실, 신소재, IT, 빅 데이터, 클라우드 등의 분야이며, 4차 산업혁명의 응용 산업 분야는 자율 주행 차량, 스마트시티, 원격 지원, 로봇 산업, 사물인터넷 등의 분야이고, 4차 산업혁명의 파생 분야는 거의 모든 산업에 적

용 가능하다. 이상과 같은 분야의 발전을 위한 특단의 대책과 정책
을 마련하여 미래 먹거리에 대비해야 한다.

이제 4차 산업혁명을 대비하기 위해 10대 역점 산업을 육성해
야 할 때이다. 그것은 인공지능 분야, 신소재 개발, 가상 증강현실, IT
분야, 클라우드 서비스, 사물인터넷, 자율 주행 자동차, 빅 데이터,
로봇 산업, 3D프린팅 등의 분야가 될 것이다.

4차 산업혁명에서 특히 중요한 부분이 스마트시티이다. 스마트
시티의 부수적인 산업 효과는 수치로 계산이 불가능할 정도로 그 정
도가 엄청나다. ICT 기술, 신소재 기술, 기술의 국제표준화, 사물인
터넷, 자율 주행 자동차, 인공지능 등의 분야들이 집중적으로 적용
되는 곳이 스마트시티이다. 스마트시티 시범 사업을 통해 얻어진 빅
데이터를 이용하여 스마트시티의 전국적 확산을 추진해야 한다.

고양시가 청년 주거복합타운의 형태로 청년 스마트타운을 조성

하는 것은 우리 시대 최대 화두인 청년 주거 · 일자리 문제와 미래의 4차 산업혁명을 주도할 스마트시티를 결합한 프로젝트를 야심차게 추진하기 위해서다.

4차 산업혁명 관련 고양시의 대규모 국가프로젝트 유치 성과

1. 통일 한국의 실리콘밸리 프로젝트

연 매출 70조를 기록한 판교 테크노밸리를 능가할 경기 북부 미래전략산업단지로 조성한다.

2. 방송영상문화 콘텐츠밸리

한류 확산의 가장 큰 원동력인 방송 · 영상 산업 클러스터를 조성한다.

3. 신한류 문화관광벨트

융복합 공연장, 호텔, 판매시설, 테마파크 등 신한류 관광산업지구를 조성하여 관광산업의 새로운 이정표를 세운다.

4. 청년 스마트타운-스마트타운으로 조성

청년 행복주택에 스마트시티 기술을 도입하고 주변에 청년벤처타운, 청년지식산업센터, 청년창업지원센터 등 청년 취 · 창업벨트를 구축하여 청년 스마트타운을 조성한다.

5. 사물인터넷(IoT) 융복합단지 – 스마트타운의 모델 도시

개방형 스마트시티 플랫폼을 활용하여 교통, 안전, 환경 등 도시 문제를 해결할 사물인터넷 기술을 도입한다.

6. 자동차서비스 복합단지

자동차산업 발전을 위해 튜닝 시장 등 자동차와 문화를 동시에 체험할 수 있는 공간을 조성한다.

7. MICE 산업 육성

코엑스, 킨텍스, 벡스코 등 전시시설을 확장하여 마이스 산업을 적극적으로 육성한다.

8. 의료 관광 활성화

의료관광단지를 조성하여 상대적으로 저렴한 고급 의료기술을 이용, 전 세계에 의료 관광지로서의 대한민국을 알린다.

9. 스마트시티 추진

청년 스마트타운 사업에서의 경험을 바탕으로 스마트시티 사업을 추진한다.

2. 청년 일자리 창출을 위한 주거·벤처 복합타운

흙수저·금수저론에서 볼 수 있듯이 우리 사회에서 청년들의 열패감은 매우 높다. 흙수저·금수저론은 빈부 격차에 따라 사회에서 출발선이 다르다는 점을 강조하고 있다. 전교 1등은 만들어진다는 말처럼 부가 학력으로 세습되고 학력이 또다시 부의 세습으로 이어지고 있다. 또한 우리 사회가 공정하지 못하다는 점을 통쾌하게 비꼬고 있다. 아마도 청년들의 일자리가 점점 줄어들고 좋은 일자리는 더 구하기 힘들기 때문에 신조어처럼 굳어지는 것이 아닌가 한다.

청년들의 고민은 일자리, 등록금, 주거 등이 가장 큰 부분을 차지하고 있다.

청년 스마트타운을 통해 청년들의 일자리와 주거 문제를 해결하고자 한다. 청년 스마트타운은 미래 전략 산업이라고 할 수 있는 스마트시티 기술을 도입하여 청년벤처타운, 청년지식산업센터, 청년창업지원센터 등 청년 취·창업벨트를 구축하고, 신혼부부 등 젊은 층을 위한 행복주택을 공급하는 정책이다.

청년 스마트타운은 지역 특성에 맞게 IoT 기술을 활용한 스마트홈, 지능형 교통 시스템으로 교통 혼잡을 조정하는 스마트 교통, 공공 지역 안전을 책임지는 스마트 안전 등 스마트시티의 기술을 도입한 주거 공간으로 조성할 계획이다.

고양시는 국토교통부, 한국토지주택공사와 함께 장항동 일대에

'고양 장항 공공주택 사업'조성 계획 합의서를 체결하였고, 시는 장항 공공주택을 '고양 청년 스마트 타운'으로 조성할 계획이다.

이처럼 전국에 청년 일자리, 주거, 교육, 문화 등 통합 시스템을 구축하여 청년들의 문제를 해결하고자 한다.

3. 가계 부채 최소화 및 국가 재정 건전성 확보

지금 우리나라는 부채로 인해 경제가 몸살을 앓고 있다. 부채의 축소가 가장 시급한 과제의 하나로 대두되고 있는데 이는 지자체의 부채 제로로부터 출발할 수 있다고 믿는다.

전국 지자체의 재정 여건을 개선하여 지자체 부채 제로 국가로 만들어가야 한다. 고양시가 50만 이상 대도시들 중에서 최초로 달성했고 부천 등지로 번져가고 있다.

다음으로 국가 통합 부채의 종합적 관리 및 외환보유고 관리를 해야 한다. 국가 부채 관리 목표를 설정하고 중앙과 지자체, 그리고 공기업 등의 모든 부채를 총액 관리 체제하에서 종합적으로 관리해야 한다.

또한 제2의 IMF 경제 위기를 맞지 않기 위해 사전 예방 대책을 세워야 한다.

먼저 분기별로 외환보유고 및 관련 기관의 외환위기 평가회를 열어 외환위기에 대한 상시 대책 체제를 가동해야 한다. 그리고 외환 및 증권의 거래에 있어서 긴급명령권 발동을 통해 위기의 사전 차단 또는 위기 상황 탈출을 보다 용이하게 할 수 있도록 제도적 개선을 한다. 또한 장기적으로 단기차입의 축소, 외환보유액 증액, 순 채무국에서 순 채권국으로의 변모 등을 통해 안정적인 외환 관리 체제 수립을 도모해야 한다. 마지막으로 경제의 펀더멘털을 강화하여 외부적 요인의 충격에 대한 우리 경제의 면역력을 강화해야 한다.

소득 주도 성장을 통한 경제 활성화 및 양극화 해소는 첫째, 공급 중심의 시장경제로는 더 이상 성장조차 불가능함을 인정해야 하고, 둘째, 특히 레이건 대통령으로부터 시작된 낙수효과라는 신자유주의 경제 이론은 허구임이 전 세계적으로 증명되었음을 받아들여야 하며, 셋째, 새로운 시대의 성장 이론은 소득 주도의 성장을 추구하는 이론과 정책이 되어야 한다는 것을 인정해야 한다. 이는 다른 말로 분수경제, 더불어성장론, 혹은 동반성장 등으로 불린다.

4. 신한류 문화관광

문화는 인간다운 삶을 위해 모든 사람들이 향유해야 할 대상이자 창조의 원동력이고 경제 발전을 담보하는 중요한 분야이다.

신한류의 중심인 신한류 문화관광벨트를 구축하고자 한다. 융복합 공연장, 호텔, 판매시설, 테마파크 등 신한류 관광산업지구를 조성하여 글로벌 문화 콘텐츠의 거점을 구축하고자 한다.

또한 방송영상문화 콘텐츠밸리를 조성하여 한류 문화 확산의 가장 큰 원동력인 방송·영상 산업을 유치해 미래 먹거리 산업을 육성하고자 한다.

시민 주도형 마을 축제를 통해 참여와 소통을 통한 수준 높은 문화를 창조하고, 관광과 일자리를 연계한 한국형 거리 축제를 활성화하고자 한다. 한편 지역 특성에 맞는 맞춤형 문화 콘텐츠를 개발하여 역사가 문화가 되고 문화가 경제로 순환하는 고리를 만들고자 한다.

고양시는 '고양 신한류 문화관광벨트' 프로젝트를 통해 신한류 3대 스트리트를 조성하였다. K팝, K필름, K스타일 스트리트와 문화관광 복합단지, 테마파크, 호텔, 콘텐츠 지원 등 문화 콘텐츠의 거점을 구현하여 대한민국 대표 한류도시로 선정되었다.

이러한 고양시의 경험을 전국적으로 확대하여 지역 특색에 맞는 관광 상품을 스토리가 있는 역사적 전통과 연결하여 대한민국의 신한류 문화경쟁력을 대폭 강화시켜 나가야 한다.

5. 북핵 문제 해결을 위한 적극적 국익 외교

이명박, 박근혜 정권이 들어선 이후 대북정책은 상호 대결적 정책들만 난무하였으며 이에 따라 남북 관계는 파탄에 이르렀다. 그

결과 북핵 해결은 한 발자국도 나아가지 못했고 한반도는 일촉즉발의 대치 상태가 지속되고 있다.

김대중, 노무현 전 대통령은 한반도에서 어떤 경우에도 제2의 한국전쟁이 발발해서는 안 되기 때문에 불가피하게 차선책으로 대북 평화정책, 햇볕정책을 펼쳤다.

따라서 남북 관계를 개선시키기 위해서는 가장 중심적인 위치에 있는 대한민국 정부, 아직까지는 북한에 상대적으로 가장 영향력을 행사하는 중국, 그리고 유엔을 비롯한 국제사회가 북한에 핵 포기를 전제로 하는 대규모 여러 가지 경제 원조 정책을 펼쳐야 한다.

이를 통한 북한의 핵 개발 포기와 북한의 경제적 회생, 그리고 국제사회 참여를 보장하는 포괄적인 일괄 타결 방안(comprehensive package deal)이라는 김대중 전 대통령의 방안이 유일한 해법이다.

또한 북한의 개혁 개방을 위해 UN과 국제사회가 동참해 경제적 원조를 실시하는 신마셜플랜의 추진도 병행되어야 한다.

그리고 북핵 문제를 해결하기 위해 남북정상회담을 조속히 개최하고자 한다. 포괄적 일괄 타결 방안과 신마셜플랜의 추진에 있어서 상호 신뢰의 회복은 필수적이기 때문이다.

북한과의 대화를 추진하는 한편으로는 튼튼한 안보의 토대를 확립하여야 한다. 이를 위해서는 자주적 안보 체계를 강화해야 하는데 우선 한미동맹을 강화하는 가운데 트럼프 미 대통령과의 한미정상회담을 통해 전시작전권 환수방안을 구체적으로 논의하는 한편한미 간의 군사적 협력을 더욱 강화해야 한다.

또한 독도 방어를 위한 육해공 특별기동대를 창설해야 하며, 항공우주산업을 육성하는 것도 장기적 관점에서는 매우 긴요한 사항이다.

중단된 남북 교류도 활성화해야 한다. 이명박 정권의 집권 이후남북 교류는 전면적으로 중단되었다. 하지만 정경분리 원칙에 따라남북 간 지방자치단체와 민간의 교류는 허용되어야 한다.

남측에서는 통일을 대비한 광범위한 준비가 필요하다. 우선은총 5조 투자에 20만 개의 일자리 창출이 예상되는 통일 한국의 실리콘밸리 프로젝트를 추진하고자 한다. 테크노밸리, 방송영상문화 콘텐츠밸리, 신한류 문화관광벨트, 청년 스마트타운, 사물인터넷(IoT)융복합단지, 자동차서비스 복합단지, MICE 산업, 의료 관광 활성화등 남북 경제협력의 기반을 닦을 필요가 있다.

또한 국제적 경제협력의 공고화를 위해 철의 실크로드를 추진하고자 한다. 경의선, 경원선, 동해선 등을 통해 러시아, 중국, 몽골을거쳐 파리나 모스크바까지 연결되는 국제적 철도망을 구축할 필요성이 있다.

남북 경제협력 확대를 위한 평화통일경제특구를 지정하는 일도 시급하다.

그 외 전쟁 억지를 위해 유엔 평화인권기구를 한반도에 유치할 계획이고, 한일 위안부 합의는 무효화하고 위안부특별법을 제정할 필요가 있다.

마지막으로 사드, 한일군사정보보호협정 등 주요 외교안보 현안은 국민적 합의 절차를 준수함으로써 갈등을 최소화할 필요가 있다. 국회의 동의 절차를 강화할 필요가 있는 것이다.

고양시는 2015년을 고양평화통일특별시 원년의 해로 지정하고 통일 한국의 실리콘밸리를 추진해왔다. 또한 2020년 평화통일특별시 구현을 위해 평화통일경제특구 법안을 추진 중이며 평화인권센터 조성을 추진 중이고, 30억 원에 달하는 남북교류협력기금을 조성했다. 나아가 한강 철책선 제거 사업 추진, 고양~파주~김포를 잇는 평화통일 교육벨트의 구축, 남북한을 잇는 철의 실크로드 사업을 추진 중이다.

뿐만 아니라 고양시는 평화와 인권 존중의 글로벌 SNS 평화인권운동을 전개하고 있으며 일본군 위안부 피해자 해결을 위한 일본 대사관 항의 방문 및 서명운동을 전개했다. 또한 UN 평화인권기구 유치를 추진 중이며, 지난 4월에는 위안부 문제 해결 촉구를 위한 UN본부 및 백악관 앞 피켓 시위를 주도하며 반기문 UN사무총장에게 UN 평화인권기구 유치 제안서를 전달하기도 했다.

이런 경험을 토대로 국가적 차원에서 일관성 있는 북핵 폐기·평화통일 정책이 절실히 요구된다.

6. 혁신적인 정치 개혁, 정당 개혁

촛불민심과 시대정신의 요체는 박정희-박근혜로 이어지는 군부권위주의 정권의 낡은 적폐를 청산하는 것이다. 그 중에서도 박근혜·최순실의 국정농단 사태를 원천적으로 방지할 수 있는 부패비리 척결을 위한 구조개혁 입법으로써, 촛불광장으로 나온 국민(2016년 12월 호남권 1023명 설문조사)들은 새로운 대학민국 건설을 위한 시급한 과제로 '권력기관 개혁(검찰, 국정원)', '국민주권 강화(국민소환제 등)', '정치개혁', '역사바로세우기(국정교과서 폐지)', '경제민주화'를 주장했다.

　박근혜 탄핵 이후 개혁입법 촉구를 위한 광주촛불 릴레이 토론회에서 제기된 적폐청산의 핵심적 과제는 ①최순실 일가 재산 몰수, ②김기춘, 우병우 등 박근혜 공범 구속 처벌, ③세월호 7시간 진상규명과 책임자 처벌, ④4대강 사업 비리 규명, ⑤친일독재 미화하는 국정교과서 폐지, ⑥정치검찰 개혁(교육감처럼 광역별 검사장 직접 선출제도 도입), ⑦한일 위안부 협상과 한일 군사정보보호협정 폐지, ⑧국정원 개혁, ⑨한반도 평화 위협하는 사드배치 철회, ⑩비리재벌 처벌과 재벌개혁, ⑪청와대 주도 공작정치 척결, ⑫언론개혁(정권의 언론개입 중지와 언론개혁법안 관철), ⑬비정규직 차별 철폐, ⑭누리과정 예산 삭감 등 반(反)복지 정책 폐기, ⑮개성공단 폐쇄와 적대적 대북정책 폐지, ⑯부실자원외교 및 방산비리 진상규명과 책임자 처벌 등이다.

　한편 혁신적인 정치 개혁, 정당 개혁이 이루어지려면 무엇보다도 국회의원 선거제도의 개선이 선행되어야 한다. 이를 위해 중대선거구제와 권역별 비례대표제를 도입하여 사표를 없애고 군소 정당의 국회 입성 및 발전을 도모해야 할 것이다.

　다음으로는 정당 공천 시스템을 혁파해야 한다. 시민 중심의 공천 시스템 혁신을 도모하는데, 특히 미국식 프라이머리(예비선거) 제도가 한 대안이 될 수 있으리라 본다. 이 제도를 도입하여 정당의 공천권을 시민에게 돌려주어 공천권을 둘러싼 잡음과 부정부패를 근원적으로 근절해야 한다.

또한 국회의원의 특권을 최소화해야 한다. 국회의원의 특권은 보다 효율적인 의정 활동과 성과를 거두는 데 필요한 권한 및 보조 중심으로 최소화하거나 전면 삭제하는 등 개혁해야 한다.

나아가 박근혜-최순실 게이트와 같은 불행한 사건의 재발 방지를 위한 특단의 대책을 수립해야 한다. 인사권이 독립된 고위공직자 비리수사처를 설치하여 고위 공직자와 그 가족의 비리를 철저하게 감시 및 수사해야 한다.

다섯째, 4대강 사업, 자원 외교, 방위산업 비리를 전면 재조사하고 재발 방지 대책을 수립해야 한다. 권력형 비리에 연루된 사람들을 광범위하게 조사하여 책임자 처벌 및 구상권 청구로 책임을 철저히 물어야 한다.

끝으로 세월호 사건 재조사 및 종합적 안전 대책 재수립을 해야 한다. 세월호 사건은 전 국민이 납득하지 못하는 부분이 많으므로 전면적으로 재조사를 실시하고 책임 소재를 가려내어 철저하게 처벌하고 재발 방지 대책을 세워 안전한 국가를 만드는 데 앞장서야 한다.

7. 자치분권 개헌 및 시민 참여형 협치 시스템

현재 정치권에서 개헌 논의가 전개되고 있지만 모든 논의가 중앙정부의 권력 분점에만 집중되어 있다. 이는 후보자들과 정당의 이해관계에 따른 권력 나눠 먹기 식 개헌 논의라는 비판으로부터 자유롭기 어렵다. 진정한 권력 분점 개헌은 중앙과 지방의 권력 분점이며 중앙정부 권력의 지방정부 이양이 그 핵심이 되어야 한다.

이 관점에서 저는 개헌은 다음과 같이 이루어져야 한다고 생각한다.

첫째, 개헌은 자치분권 개헌이 되어야 한다.

이 자치분권 개헌의 핵심은 우선 지방 자주 재원이 확충되도록 헌법에 보장되어야 한다. 저는 지방 재정이 전체 국가 재정 규모의 40퍼센트 이상이 되어야 한다고 믿는다.

그리고 지방대학 육성 및 지방 기업 육성을 명문화해야한다. 대학 설립 인허가권을 포함한 지방 교육 자치의 광범위한 확대를 명문화하여야 하고, 그에 상응하는 총체적인 지방혁신발전법이 제정되어야 한다.

다음으로 지자체의 경찰권을 헌법에 규정해야 한다. 경찰이 중앙에만 있다 보니 어떤 경찰 기구도 민심을 챙기기보다는 중앙 정치 권력에 종속될 우려가 높다. 그래서 명박 산성도 생기고 용산 참사도 발생하는 것이다.

둘째, 중앙 권력 구조를 변경하는 개헌은 4년 중임 대통령제 및 책임총리제가 가장 바람직하다고 생각한다. 현행 5년 단임제가 대통령의 조기 레임덕을 유도하고, 대통령의 책임정치에 도움이 되기보다는 측근과 비선 실세의 국정 농단에 의한 무책임한 권력정치를 유발하는 또 다른 원인이 되고 있다.

오히려 4년 중임제 개헌을 통해서 대통령의 일관성 있는 책임 행정을 더욱 강화시켜주는 한편 헌법상에 보장되어 있는 총리책임제를 더욱 강화시켜 제왕적 대통령의 권한을 대폭 분권화시키면 된다. 실제 국민들의 다수 여론도 이런 방향을 가장 지지하고 있다.

일각에서 논의되는 내각제와 이원집정부제도 과도한 대통령의 제왕적 권력을 축소하는 차원에서는 의미 있는 시도이지만, 아직까지 협치의 전통이 부족하고, 여의도 정치가 기득권적인 정치 세력을 중심으로 새롭게 특권화될 우려가 있기에 특정인 혹은 특정 기득 세력을 중심으로 한 내각제 혹은 이원집정부제의 논의는 자칫 한국 사회의 정치 개혁과 정의 사회 그리고 자치분권의 강화를 오히려 저해할 우려가 높은 위험성과 한계를 가지고 있다.

그러나 어떤 개헌논의도 충분한 국민적 토론과 협의과정이 필수적으로 요구된다.

다음으로는 시민 참여 자치가 전국화되어야 한다. 고양시에서 그 효용성이 입증된 시민참여자치제도를 전국적으로 확대 실시하여 시민참여자치제도를 시스템화해야 한다. 이밖에도 선거권을 만 18세까지 확대해야 한다.

특히 고양시에서 시도한, 중앙정부 법률로 법제화되지 않은 시정주민참여위원회 및 주민참여단, 시민감사관제도를 활성화시키고, 마을 활동가들을 양성하여 마을 공동체를 부활시키는 사업을 해야 한다. 예를 들면 광주 지역의 민주시민단체가 제안한 지역·마을별 민회(타운홀미팅)와 시민의회를 통한 전국적 단위의 민주주의 활성화는 매우 중요한 핵심공약이 될 것이다. 그 출발은 시민참여형 개헌으로써 촛불민심과 시대정신을 반영한 '아래로부터의 헌법' 시대를 여는 것이다.

시민참여형 협치시스템 관련 고양시 성과

1. 고양시의 시민참여자치 구현을 위한 기구들

고양시에는 법적 기구인 주민참여예산위원회와 주민자치위원회 외에 조례로 규정된 시민참여자치기구가 있는데 그 현황은 다음과 같다.

- **시정주민참여위원회**

고양시 주민들로 구성되어 자치기획참여단, 민생경제참여단, 환경생태참여단, 도시교통참여단, 여성복지참여단 등 5개의 참여단이 있다.

- **시민감사관**

고양시 공직사회의 민간감시제도를 시행함으로써 공무원들의 공직 청렴성이 강화되는 효과를 누리고 있다.

2. 시민참여자치가 이룬 성과들

- 학교앞 골프연습장 직권취소
- 서울 외곽순환고속도로 통행료 인하
- 서울시 기피시설 문제 해결
- 서울 문산고속도로의 시민편의적 노선 및 설계조정

3. 시민참여자치를 활성화시키는 사업 및 활동들

- 전국 1위의 SNS 소통 도시가 보여주는 시민–시청 간 소통
  의 원활성

- 전국 최고의 민원콜센터 서비스를 통해 시민참여를 적극적
  으로 유도

- 전국 최초의 현장민원 담당제를 실시하여 담당 공무원의
  현장 확인 및 즉시 처리 시스템의 구축

- 순환형 마을 공동체 시스템을 구축하여 시민들의 지속가능
  한 참여와 공동체를 유지할 수 있게 함

- 정책·예산·감사 참여 거버넌스 체계를 구축하여 주민들의
  거버넌스 참여를 제도적으로 보장함

8. 경제 정의 실현 및 양극화 해소

우선 경제민주화 정책을 추진해야 하는데 이는 재벌 중심의 경제구조를 혁파하는 데 초점이 맞춰져야 한다. 재벌 중심의 경제구조를 혁파하여 국가 경제의 재벌 의존도를 현저하게 낮추고 대기업과

중소기업들이 공존 상생할 수 있는 환경을 조성해야 한다. 또한 경제민주화의 핵심 쟁점인 다중대표소송제 도입과 집중투표제 등 상법 개정과 대기업 중심의 공정거래법 개정 역시 노사민정 합의를 통해 혁신적으로 이루어져야 한다.

이를 위해 첫째, 그동안 재벌들의 이익을 대변하며 정부에 대한 로비 기관 역할을 해온 전경련을 해체해야 하고, 대기업에 집중된 경제력을 분산, 재벌의 지배구조를 개선해야 한다. 대표적인 방안으로 재벌의 상호출자 규제와 금산분리법(일반회사가 은행을 소유하는 것을 금지하는 법) 개정을 통해 대기업 등 산업자본의 은행사유화를 막아야 한다.

둘째, 대기업 및 고소득자의 비과세 감면을 축소하여 실효세율을 높여야 한다. 그리고 법인세 및 소득세의 누진성을 강화하여 소득 격차 축소에 앞장서야 한다.

셋째, 대기업으로부터 골목 상권을 보호할 대책을 수립해야 한다. 특정 업종에 대한 대기업 및 대기업 총수 일가의 진출을 금지함으로써 이 목표를 달성할 수 있을 것이다.

넷째, 중소·중견·벤처기업을 육성해야 한다. 청년벤처기금을 조성하여 청년들의 첨단기술 분야 창업을 활성화하면 큰 성과를 거둘 수 있을 것이다.

다섯째, 사회적 기업, 마을 기업, 협동조합을 육성하여 사회적 경제를 확대해야 한다. 이는 공동체적 경제의 토대를 마련하게 할 것이다.

여섯째, 독과점금지법을 강화하여 기업의 건전한 경쟁과 발전을 도모하고 소비자의 이익을 극대화해야 한다. 1개 기업이 지나치게 거대하면 분사 명령도 내릴 수 있어야 한다.

마지막으로 소비자 보호 정책을 강화해야 한다.

①소비자보호원의 권한을 강화하여 결정한 사항들을 기업들에게 강제할 수 있게 해야 한다. 권고 정도로는 소비자를 보호할 수 없다. ②소비자들의 불매운동을 기업이 업무방해로 고소·고발하지 못하게 법률을 개정해야 한다. ③제조자책임법을 제정하여 제조자가 제조물로 인한 피해에 충분히 배상 및 보상할 뿐만 아니라 징벌적 배상까지 하도록 법률을 정비해야 한다.

또한 양극화 해소에 앞장서야 한다.

양극화 해소는 소득 주도 성장론을 통해 목적을 상당 부분 달성할 수 있을 것이라고 생각한다. 이를 위해 기본소득제를 점증적으로 시행하고 동일 노동-동일 임금 원칙을 반드시 준수하도록 법률을 정비해야 한다. 또한 최저임금 1만원제를 속히 시행하여 저소득층을 보호하고 양극화 해소에 적극적으로 대처해야 한다. 모든 공공기관이 생활임금제를 적용하여 근로자들의 최저 생계를 보장해야 한다. 그리고 공공 분야의 비정규직을 점진적으로 정규직화하여 공공 분야가 앞장서서 모범을 보여야 한다.

이 밖에도 비정규직센터의 활성화, 노·사·민·정 협의의 제도화, 그리고 서민을 위한 공공임대주택 확대로 주거 복지를 보장하고 주택난을 해소하며 부동산 경기의 지나친 기복을 방지해야 한다.

일자리 창출 및 경제 분야 고양시 성과

1. 지속 가능한 일자리 창출 역량 1위

전국 161개 기초생활권 시군 가운데 경기 고양시가 '지속 가능한 일자리 창출 경쟁력'이 가장 우수한 것으로 조사됐다.

동아일보 미래전략연구소는 2012년 11월 농림수산식품부, 한국농촌경제연구원과 공동으로 전국 161개 시군을 대상으로 지역경쟁력지수(RCI)를 평가해 발표했다.

2. 신한류 문화관광벨트 사업

관광특구 지정을 계기로 신한류 문화관광산업 기반 확대. 고양 신한류 3대 스트리트 조성(필름 스트리트, 스타일 스트리트, 팝 스트리트)

3. 고양 꽃박람회, 화훼 수출 견인차

- 2016년 고양국제꽃박람회 3119만 달러 수출 계약 체결
- 5년 연속 3000만 달러 이상 수출 계약 달성

4. 노인 일자리 3관왕 달성

- 2015년 보건복지부 전국 평가 3개 분야 대상
- 시장진입형 사업 분야 –고양시
- 인력파견형 사업 분야 –고양시니어클럽
- 사회공헌형 사업 분야 – 일산노인복지관
- 최근 4년간 전국 평가에서 연속 대상 및 최우수상 수상
- 최근 4년간 노인 일자리 사업 연평균 11퍼센트 확대
- 2012년 노인 일자리 사업 공동 브랜드 '이음 플러스' 개발하고 통합 발대식, 통합 평가회 등 수행 기관과 협력
- 2013년부터 공익활동형 노인 일자리 브랜드 사업 '365 고양 실버 새싹지킴이 사업' 실시
- 생계가 곤란한 노인 일자리 창출을 위한 '이음 플러스' 프로젝트 추진 등으로 전국 평가에서 2011년부터 4년 연속 대상 및 최우수상 수상

9. 안전

세월호 침몰, 메르스 사태, 고양터미널 화재 사건, 천안함 사태 등 성격이 다른 다양한 재난이 반복적으로 나타나고 있으나, 기존의 위기관리 시스템이나 재난 관리 원칙들은 대형 재난 대처에 실패하는 경우가 많았다. 이러한 재난에 제대로 대처하는 국가 위기관리 시스템을 구축해야 한다.

또한 종합적인 재난 안전 시스템을 구축해야 한다. 실시간으로 재난 현장 컨트롤이 가능한 24시간 사이버 재난종합상황실을 구축하고, 재난 대응 기동반을 통해 재난 발생 시 적극적인 초기 대응에 나서야 한다.

고양시에서는 시민안전센터(CCTV 통합관제센터)를 구축하여 부서·기능별로 분산된 CCTV 영상을 통합하고 경찰서·소방서·군부대 등과 연계되는 시민 안전망을 확보하여 전국 지자체에서 안전 대상을 연달아 수상할 정도로 그 성과를 인정받았다. 이런 지자체의 경험을 살려 국가적 안전망으로 확대하려고 한다.

나아가 상황별 재난안전관리체계를 완비해야 한다. 구제역이나 AI 등 긴급 재난 발생 시 행동 매뉴얼을 개선하고 초기 대응반을 구성하여 전염병 예방 체계를 강화해야 한다.

그리고 시민 안전의 강화를 위해 시민 안전 체험 교육을 확대하는 한편, 여성이나 사회적 약자의 안심귀가동행서비스를 확대하고 안전한 먹거리를 확보해야 한다.

환경도 안전의 개념으로 접근하는 '환경 안전'을 확대하고자 한다. 원자력발전소를 점진적으로 감축하는 한편 대체에너지를 개발할 계획이다. 또한 미세먼지 절감 대책을 세워 시민들에게 보다 건강한 환경을 돌려드릴 계획이다.

마지막으로 고양생태공원의 성공적인 운영을 토대로 전국 생태 환경 교육 네트워크를 구축하여 생태를 보존하는 데 앞장서고자 한다.

고양시는 세월호 참사와 고양터미널 화재를 극복하고 메르스 청정 도시를 사수하며 시민의 안전과 생명을 최우선으로 하는 재난 대응 대책을 다각도로 추진해왔다.

특히 지난 6년간 형식적으로 운영되어오던 을지연습 등을 시민 체감형 실제 안전 훈련으로 변화시켰으며, 시장 특별 메시지 처리반 추가 편성을 통하여 현실 상황에 맞는 사건 메시지와 자연재해 상황 등을 상정한 강도 높은 도상 훈련 실시로 직원들의 위기 대처 능력을 한 단계 업그레이드시키며 103만 시민의 안전과 행복을 지켜내고 있다.

현장중심의 안전정책을 추진하는 고양시는 24시간 사이버재난 상황실을 통해 재난 컨트롤타워의 기능을 강화하고 있다. 또한 고양시민안전센터(CCTV통합관제센터)를 확대 운영하고 있으며 독자적 위기관리 매뉴얼 및 안전대책을 보완해 상황별 재난안전관리체계를 구축했다.

이러한 고양시의 종합적인 시민안전관리 시스템을 국가적 차원으로 확대하고자 한다.

아동학대예방을 위한 어린이집 CCTV 설치를 확대하고 학교폭력 및 범죄예방을 위한 안전지키미앱 무상 보급, 무상급식으로 공급되는 친환경 로컬푸드의 체계적 관리, 시민건강센터 건립으로 의료안전망을 확대해야 한다.

10. 청렴

오늘날 우리 사회가 겪고 있는 박근혜-최순실 게이트의 또 하나의 본질은 청렴성의 문제이다. 이들이 저질러놓은 사태는 곳곳에서 썩은 냄새가 난다. 언론 보도에 의하면 최순실이 축재한 재산이 수

천억에 달하고 심지어 수조 원에 이른다는 소문까지 나돌고 있다.

박근혜 대통령은 대기업 총수들을 불러 미르 재단과 K스포츠 재단에 수백억 원을 출연할 것을 압박하기도 했으며 실제로 재벌들은 천문학적 금액의 돈을 출연하였다. 삼성은 심지어 최순실의 딸 정유라를 위해 독일에서 말까지 구매해주는 친절 아닌 친절을 베풀었다. 삼성을 비롯한 재벌들이 거액의 돈을 기부하고 출연할 때는 순수하게 했겠는가? 그보다 몇 배, 아니 몇십 배의 반대급부를 기대하고 한 것이 아니겠는가? 이렇게 정경유착이 고착화되고 뿌리가 깊게 내려 있는 모습을 보면서 우리 국민들은 경악과 낙담을 하지 않을 수가 없다.

나는 고양시장으로 재직하면서 스스로는 물론이고 어떤 공직자의 부정과 부패도 용서하지 않았다. 아무리 작은 흠이라도 문제를 저지르는 공직자는 비위 사실이 명백하게 증명될 경우 가차 없이 징계를 했다. 공직 사회의 청렴을 위해 시민감사관 제도까지 도입했다. 시민들이 공직 사회의 비리를 감시하고 감독하는 제도를 만든 것이다. 이 제도를 통해 공직자들은 시민을 주인으로 섬기고, 시민들은 공직 사회에 대한 불신을 씻고 좀 더 이해를 깊게 할 수 있었다.

나는 대한민국의 청렴성을 강화시키기 위해 제일 먼저 고위 공직자비리 수사처를 반드시 신설하겠다. 그리하여 중앙정부의 고위 공직자들을 24시간 공수처의 감시하에 두도록 하겠다. 여기에는 대통령도 예외가 아니다. 무엇보다도 범법자 대통령이 다시는 나오지 않도록 청렴성과 도덕성에 대한 철저한 검증이 이뤄져야 한다.

특히 삼권의 최고 책임자인 대통령과 국회의장, 대법원장, 그리고 헌법재판소장의 측근에 대한 비리는 가장 엄중하게 수사하고 처벌하도록 제도화하겠다. 고위 공직자는 퇴임 후 일정 기간 동안 유사 동종 사기업체 취업을 금지해서 자동차 관련 부서에서 근무하던 공직자가 자동차 회사에 취직하는 것과 같은 관과 기업체의 유착을 최대한 방지하겠다.

대통령이 청렴해야 그 아래 공직자들도 청렴하며 말단 공무원까지 청렴할 수 있다. 대통령의 청렴성을 최대한 높이는 각종 정책을 입안, 추진, 시행하겠다. 고양시를 청렴하게 이끌어온 경험을 살려 전국의 모든 공직 사회의 청렴성을 제고함으로써 국가 발전을 꾀하겠다.

11. 복지(삶의 질 향상)

복지는 모든 국민에게 인간다운 삶을 보장해야 하는 국가의 의무이다. 외환위기 이후 심화된 사회 양극화는 사회의 통합을 저해하고 국민들을 일상적 불안에 떨게 하였다. 대한민국의 부실한 사회안전망은 국민들에게 실패에 대한 두려움, 창의적 도전에 대한 좌절, 타인을 배려하지 않는 문화를 심어주고 있다.

복지정책의 방향은 보편적 복지와 선별적 복지의 동시 추진이어야 한다. 보편적 복지를 지향하되 현실적으로는 선별적 복지부터 추진할 수밖에 없는 상황을 반영해야 하는 것이다.

현재 우리나라에서 보편적 복지라고 부를 수 있는 것은 4대 보험, 보육수당, 의무교육 정도이다. 출산장려금, 무상급식, 청년배당 등은 기초지자체 차원에서 부분적으로 이뤄지고 있다. 기초노령연금이나 기초수급, 장애인 등에 대한 지원은 모두 선별적 복지이다.

위에서 언급한 모든 지원이 급하지만 보편적 복지의 우선순위를 정해 하나하나 실현해 나갈 필요가 있다. 이를 위해서는 무엇보다 복지 예산의 대폭적인 확충이 필요하다.

복지를 위한 창의적 정책도 병행하고자 한다. 우선 복지 나눔 1촌 공동체 프로젝트를 통해 복지 사각지대를 없애야 한다. 복지 나눔 1촌 공동체 프로젝트란 지자체는 복지 사각지대를 발굴하고, 개인, 단체, 기업 등은 지자체 및 중앙정부와 1촌 맺기를 실시하여 재능과 물품 등을 기부하여, 이를 수요자에게 효율적으로 전달하여 복지 사각지대를 없애는 정책이다.

어르신들을 위한 복지 확충도 필요하다. 어르신 일자리 창출을 위한 '이음 플러스 프로젝트'를 추진하고, 기존 경로당을 일자리, 문화, 건강 중심의 '신바람 나는 경로당'으로 전환하고자 한다.

장애인을 위해서도 교통 약자 특별교통수단의 법정 대수를 확보하는 등 적극적인 정책이 이뤄져야 한다.

또한 시민건강센터, 이동보건소, 이동건강버스 등을 도입하여 시민 건강 정책을 강화할 계획이다.

12. 창조적 교육

교육은 국가 백년지대계라는 말이 있지만 수월성과 보편성을 둘러싸고 수많은 문제가 난마처럼 얽혀 있는 분야이기도 하다. 대학 입학을 놓고 가장 첨예한 대립이 일어나고 있으며, 창의적 인재의 육성이나 인성 교육의 필요성도 뼈아프게 지적되고 있는 지점이다.

우선 초·중학교에 이어 고등학교까지 의무교육을 실시해야 한다. 물론 의무교육에는 무상급식이 포함된다.

또한 대학생들의 부담을 줄이기 위해 모든 대학에 대해 반값등록금을 실시하고자 한다.

아울러 작은 도서관, 이동도서관, 찾아가는 도서관 등 마을마다 도서관 인프라를 확충하여 책 읽는 도시, 책 읽는 국가를 만들고자 한다.

교육의 가장 뜨거운 문제는 입시 제도이다. 프랑스식 교육 개혁의 주요 지점을 수용하여 한국형 대학 입시 제도를 마련하고자 한다. 이 제도의 콘셉트는 대학의 다양화·자율화이고, 진정으로 학문을 탐구할 사람들이 대학에 가야 한다는 발상이다.

13. 교통

도로 중심의 교통체계는 편리하지만 교통 혼잡에 따른 비용, 환경오염, 토지 부족 등 수많은 한계를 드러내고 있다. 이에 향후 교통체계는 철도 중심으로 개편할 필요가 있다. 철도 교통은 대량 수송이 가능하고 상대적으로 좁은 토지가 필요한 데다 깨끗하고 안전하다. 전국의 철도 교통망을 재정비하는 한편 도심의 교통도 철도 중심으로 개편한 필요성이 있다.

한편 앞에서 언급한 대로 철의 실크로드 프로젝트를 통해 경의선, 경원선, 동해선 등을 통해 러시아, 중국, 몽골을 거쳐 파리나 모스크바까지 연결되는 국제적 철도망을 구축할 필요성이 있다.

또한 자전거로 출퇴근하는 교통 문화를 정착시키고자 한다. 북유럽의 경우 자전거의 수송 분담률이 매우 높다. 그리고 자전거가 자동차는 물론이고 사람의 통행에도 우선한다. 잘 닦인 인프라와 자전거에 대한 인식 전환을 통해 탄소 절감과 건강을 동시에 챙길 수 있다. 자전거 문화의 확산을 위해 자전거 도로와 공공 자전거를 확대하고 자전거 주차장, 환승시설, 수리 시설 등을 확충하고자 한다.

[KBS] 지자체 지방채 28조 '빚더미'…
고양시 전국 첫 '0'

2분 22초

https://youtu.be/v6hWmcG5sZE

'위안부 특별법 제정' 20대 국회에서
반드시 제정해 주세요!!

2분 39초

https://youtu.be/YJsJJ--LFkk

최성 고양시장 "서울외곽순환고속도로 통행료 인하" 1인 시위

1분 24초

https://youtu.be/YRdRVlw93ao

최성 고양시장, 국감서 외곽순환도로 통행료 인하 확답을 받다!

2분 34초

https://youtu.be/ppofZH4l9s8

경기북부 테크노밸리 조성 업무협약,
고양시를 통일한국의 실리콘밸리로!

56초

https://youtu.be/GxtYnVXr_fA

5 ·18 민주화묘지, 청각장애인 희생자 묘비 앞에서

편집자 주 최성 시장은 빛고을 광주 출신으로 고려대학교에서 통일 분야 박사 학위를 받고 한국기독교사회문제연구원을 거쳐 아태평화재단 책임연구위원으로 재직한 이력이 있다. 이후 김대중 정부 출범과 함께 청와대 행정관으로 재직하며 남북정상회담 준비 접촉 대표단으로서 제1차 남북정상회담을 성사시킨 장본인이기도 하다. 17대 국회의원 시절에는 통일외교통상위원으로 활동했으며, 현재 재선 고양시장으로 전국 대도시 시장협의회장, 김대중기념사업회 김대중 사상계승발전위원장 등을 역임하고 있다. 본 원고는 2015년 5월 17일 5 ·18 민주화운동 35주년을 맞아 광주 민주 인사들이 대거 참여한 가운데 광주 한빛교회에서 초청 강연한 내용이다.

5·18 민주화운동의 현재적 의미와 민주개혁진영의 역사적 책무

5·18 광주민주화운동 35주년을 맞아 그날의 의미를 되새기고 시대를 살아가는 지혜를 함께 나누고자 뜻깊은 자리를 마련해주신 광주기독교교회협의회 장헌권 목사님과 한빛교회 노일경 목사님께 깊이 감사드립니다.

또한 이 자리에 참석해주신 정권모 목사님, 한규무 광주대 교수님, 김양래 5·18기념재단 상임이사님, 그리고 5·18유족회와 5월 어머니회를 비롯한 5월 단체, YWCA, YMCA 등 시민 사회 여러분께도 깊은 감사의 말씀을 드립니다.

5·18민주화운동이 시작된 지 35년이 지났는데도 영령들의 숭고한 뜻이라 할 수 있는 민주주의, 인권, 한반도 평화의 뜻이 크게 진

전되지 못한 상황에 대해 죄스러운 마음을 고백합니다.

5·18 민주화운동이 한창일 때 저는 광주에서 고등학교를 다니고 있었습니다. 이후에는 김대중 전 대통령을 모시고 통일 전문가로서 통일 방안과 각종 대북정책을 입안했습니다. 사상 최초로 여야 정권 교체를 이룩하기도 했고, 남북정상회담이 성사되는 과정에서 실무 대표로 참여하기도 했습니다.

김대중 대통령과 함께한 시간은 제 인생에서 가장 소중한 시기였고, 그 인연이 오늘날의 저를 만들었다고 해도 과언이 아닙니다.

아직도 많은 분들은 5·18 민주화운동과 관련해 입은 마음의 상처를 애써 달래느라 불면의 날을 이어가고 있습니다. 그날의 트라우마는 지금까지 우리들을 괴롭히고 있지만, 그만큼 민주주의, 인권, 그리고 평화에 대한 확신과 갈망은 더 커지는 것이 아닌가 하는 생각이 듭니다.

돌아보면 10·26으로 악명 높은 박정희 군부독재 정권이 무너졌을 때는 대한민국에서 최초로 민주적인 질서를 구축할 수 있었던 기회였습니다. 그러나 12·12 군사반란으로 그 소중한 기회를 단번에 날려버렸고, 신군부는 또다시 군부독재 시절로 돌아가고자 했습니다.

당시 시민들이 외쳤던 '비상계엄령 철폐'와 '신군부 퇴진'은 이

땅에 민주주의를 뿌리내리자는 명령이었고, '김대중 석방' 요구는 평화와 인권에 대한 민초들의 간절한 갈망이었습니다.

저는 오늘 35년 전 광주의 시민들이 외쳤던 민주주의, 평화와 인권이 현재에 있어서 어떤 의미를 지니고 있는지에 대해 제 소견을 말씀드리고자 합니다.

절차적 민주주의를 넘어 실질적 민주주의로

5·18 민주화운동의 첫 번째 유산은 민주주의입니다.

5월 광주의 민주주의 정신은 7년 후에나 가시적인 결실을 맺게 됩니다. 1987년 6·29선언으로 대통령 직선제, 김대중 사면 복권, 언론의 자유와 지방자치 등 우리나라 역사에서 처음으로 민주주의라고 부를 수 있는 정치체제가 탄생하게 됩니다. 시민과 정권이 폭력이 아닌 합의를 통해 민주적인 체제를 이루었기 때문에 더욱 의미가 있었습니다.

하지만 절차적 민주주의가 완성된 지 30년이 다 되어가는데도 불구하고, 여러분께서 현재의 우리나라 상황을 보면 많이 답답하실 것이라고 생각됩니다. 대통령의 권한은 너무나 막강하고, 권력은 중앙정부가 독점하다시피 하고 있으며, 대기업의 독과점과 횡포, 비정규직에 대한 차별도 매우 심각한 상황입니다.

광주의 민주주의 정신이 이런 불평등하고 불공정한 사회를 만들고자 한 것은 아니었을 것입니다. 이제는 절차적 민주주의를 넘어 실질적 민주주의로 가야 한다고 생각합니다.

대통령의 임기는 5년 단임제가 아닌 4년 중임제 형태로 개헌하고, 중앙에 집중된 권력은 과감하게 지방으로 분산시켜 지방자치를 활성화시켜야 합니다. 대기업과 중소기업이 공정하게 경쟁할 수 있도록 세제 개편을 포함한 다양한 규칙을 만들어야 하고, 같은 노동을 하면 같은 보상을 받을 수 있도록 경제민주화를 가속화시켜야 할 것입니다.

갈 길은 멀고 마음은 바쁩니다. 하지만 광주 시민들의 피로 이룩한 5·18 민주화운동의 정신을 생각하면 좌고우면할 시간은 없습니다. 지금이 바로 대한민국이 나아갈 방향을 설정해야 하는 시기라고 생각합니다. 그것은 바로 공정하고 정의롭고 복지가 넘치는 사회입니다. 우리가 다음 세대에게 남겨줄 수 있는 가장 큰 유산은 바로 이러한 방향으로 민주주의를 더욱더 진전시키는 것입니다.

위협받는 한반도 평화, 세계 평화

5·18 민주화운동이 남긴 두 번째 유산은 평화입니다.

지금 우리가 사는 지구촌은 전통적인 방식의 전쟁의 위협은 과거보다 줄어들었지만 새로운 형태의 위협이 출현하고 있습니다. 테러리즘, 영토 분쟁, 국제범죄, 기아, 환경, 전염병 등 새로운 이슈들이 국경을 초월해 전 세계를 위협하고 있습니다.

최근 국제적인 비난과 증오의 대상이 된 IS가 대표적인 테러의 형태입니다. IS는 무차별적인 참수와 세계 문화유산의 파괴를 자행하는 한편 전 세계의 도시를 대상으로 테러를 일삼고 있습니다. IS의 인질 참수는 전 세계에 충격을 주었고 평화와 생명에 대한 심각한 위협을 가하고 있습니다.

영토 분쟁도 국제 사회를 위협하는 새로운 요인입니다. 러시아의 우크라이나 병합 갈등, 중국과 일본, 러시아와 일본의 영토 분쟁은 국가 간에 잠재적인 갈등과 심각한 위협으로 작용하고 있습니다. 그 외에도 기아에 허덕이는 북한 사람들, 하루 1달러의 생계비조차 없어서 빈곤과 병마로 죽어가는 수많은 사람들이 있습니다.

한편 한반도를 중심으로 하는 동북아 지역은 핵심적인 국제 분쟁 지역 중 하나입니다. 한반도는 세계에서 유일한 분단국가이며 냉전이 지속되는 지역입니다. 동북아 지역의 불확실성은 그 자체로 세계 평화와 국제 협력을 위협하는 요인이기도 합니다. 미국, 중국, 일본, 러시아 등 주변 강대국들이 서로 다른 이해관계와 인식을 갖고 있기 때문입니다.

한일 간에도 풀어야 할 문제가 산적해 있습니다. 유엔의 공식 표현으로 언급하자면 일본군 성노예 피해자 문제에 대한 진심 어린 사과와 배상 문제, 그리고 심각한 일본의 역사 왜곡 등이 대표적입니다. 이런 상황 속에서 아베 일본 총리의 망언과 망동 그리고 이에 대해 우호적인 태도를 취하는 오바마 행정부의 입장 또한 심히 유감스러운 상황입니다.

박근혜 정부 출범 후 남북 관계는 '한반도 신뢰 프로세스'를 핵심 키워드로 동북아 평화 협력 구상, 유라시아 이니셔티브, 독일 드레스덴 통일 구상 등 다양한 구상과 정책들이 쏟아져 나오고 있습니다. 하지만 이명박 정부 시기부터 단절됐던 남북 관계 회복을 위한 단초는 여전히 마련하지 못하고 있으며 오랫동안 지속된 남북 관계의 경색 국면과 군사적 긴장은 고조되고 있습니다.

김정은 정권의 군사모험주의적 대외 정책은 여전히 예측 불가능한 가운데 더욱 강화되고 있으며, 이에 맞서 대북 전단지 살포 묵인 등 우리 정부의 강경한 대북정책으로 한반도는 그 어느 때보다도 군사적 충돌의 위험성이 높은 상황입니다.

제가 국회의원 시절에 입수했던 미국 국방부, CIA, 공화당, 민간 재단 등의 극비 보고서에 따르면, 북한에 급변 사태가 발생하면 한반도에 전면전이 발발할 가능성이 매우 높고 남북 모두 치명적인 타격을 입게 된다는 공통적인 시나리오를 상정하고 있었습니다.

현재 한반도는 참으로 위험천만한 상황입니다. 한반도의 평화, 나아가 동북아시아 지역의 평화를 보장하고 지속적으로 유지하는 것이 매우 중요한 시점입니다. 이를 위해서는 남북은 물론 미 · 일 · 중 · 러 4대 강대국들이 한반도 평화 프로세스에 대해 적극적으로 논의하고 구체적인 로드맵을 수립하여 실행하는 것이 중요합니다.

광복 70주년, 짓밟힌 인권 70년

5 · 18 민주화운동이 남긴 세 번째 유산은 인권입니다. 저는 최근 중국을 방문하여 731부대의 실상을 보고 왔습니다. 일본은 제2차 세계대전 당시 점령국 시민을 대상으로 말로 표현하기 힘든 잔인한 생체 실험을 자행했습니다. 인간의 탈을 쓰고 어떻게 이런 일을 벌일 수 있는지. 참으로 반인륜적인 일본의 범죄 행위가 아닐 수 없습

니다.

제2차 세계대전 동안에는 20만 명이 넘는 일본 점령지의 여성들이 성노예가 되었습니다. 그들은 일본 정부에 의해 강제로 끌려왔으며, 고향의 가족 곁으로 돌아가려 해도 갈 수 없는 처지가 되었습니다. 집단 강간과 강제 유산, 신체 절단과 사망 등의 피해를 당했습니다. 한 인간으로서 장기간 감당하기에는 너무나 큰 고통이었습니다.

미국의 보고서나 세계 각국 피해자들의 증언을 살펴보면 일본군의 종군위안부 강제 동원은 부인할 수 없는 사실입니다. 하지만 일본 정부는 성노예 강제 동원에 대한 시인도, 사과도 하지 않고 있으며, 피해 여성들에 대한 보상도 제대로 하지 않고 있습니다.

일부 극우 인사들은 '강제 동원'이 아니라고 말합니다. 하지만 피해자 할머니들이 아직도 살아계시는 마당에 일본 정부가 가해자가 아니라는 주장을 어떻게 받아들일 수 있겠습니까?

1993년 고노 담화도 진정한 사과라고 볼 수 없지만, 오랜 시간이 흐른 지금까지도 일본 정부의 입장에는 변화가 없습니다. 아베 신조(安倍晋三) 총리는 취임 전에 "군위안부는 허구로서 일본 언론이 퍼뜨린 것"이라고 주장했고, 총리 취임 이후 아베 정부의 지도자들은 일본군 위안부 피해자를 '매춘부'에 비유하며 망언을 일삼고 있습니다.

일제의 반인륜적 만행의 현장인 731부대를 방문한 최성 시장 일행

보다 못한 고양시는 2012년부터 위안부 할머니들의 권리 회복과 일본 정부의 사죄를 촉구하는 서명운동을 펼쳤으며, 현재까지 20만 명이 넘는 시민들과 국내외 인사들이 참여했습니다.

2013년에는 이 서명부를 반기문 사무총장과 UN 인권고등판무관에게 제출하면서 두 가지 요구 사항을 전달했습니다. 하나는 일본군 위안부 피해자 문제를 유엔 긴급 안건으로 채택하라는 것이고, 다른 하나는 일본 정부가 생존자들에게 사과와 배상을 위한 행정적·법률적 조치를 취하라는 것이었습니다.

2013년 8월에는 일본군 위안부 피해자 할머님들을 위한 범시민 진혼제를 서울의 광화문 광장에서 개최했습니다. 같은 날 일본국 대사 벳쇼 코로(別所浩郎)에게도 서한문과 13만 명의 서명이 담긴 명부를 전달했습니다.

일본 대사관에는 위안부 피해자들에 대한 사과와 정당한 배상이 필요하다는 의견을 일본 정부에 적극적으로 개진해줄 것을 요청했습니다. 또한 피해 여성들의 인권을 짓밟고 모욕하는 일부 정치인들의 행보를 즉각 중단해줄 것을 요구했습니다.

앙겔라 메르켈(Angela Merkel) 총리의 지적과 같이 독일이 보여준 사례는 일본과는 완연히 다릅니다. 독일은 나치의 만행에 대해 철저히 반성했습니다. 서독 정부는 홀로코스트에 대해 사죄하고 국

역사교과서 관련 페이스북 포스팅   (출처: 최성 고양시장 페이스북)

가 차원에서 이스라엘에게 배상했습니다.

지금도 독일의 어린이들은 교과서를 통해 부모 세대의 잘못을 정

확하게 배우고 있습니다. 그렇게 성장한 독일 사람들은 동서독 간의

통일을 이루었고, 오늘날 독일은 경제 강국으로 번영하고 있습니다.

저는 이 자리에서 아베 신조 총리에게 강력하게 요구합니다.

첫째, 수많은 외국 여성들을 일본군의 성노예로 붙들어 갔던 과거에 대해 사죄하고 배상하고 책임자를 처벌해야 합니다.

둘째, 침략사를 미화하고 강점한 영토가 자신들의 것이라는 잘못된 역사 교육을 중단하고 사죄해야 합니다.

셋째, 무고한 외국인들을 생체 실험을 통해 학살했던 과거에 대해 고해성사를 바쳐야 합니다.

넷째, 학도병으로, 남방 열도 노동자로, 사할린의 광부로, 전범 기업의 노무자로 징용당해 한 많은 세월을 살다가 숨져간 숱한 한국인 혼령들 앞에 머리 숙여 사죄하고, 역시 배상하고 책임자를 처벌해야 합니다.

5·18 광주정신을 계승한 신평화통일운동의 제안

사람으로 치면 5·18 민주화운동은 35살 청년이 되었고 따라서 지금은 청년 정신이 필요한 시기입니다. 저는 5·18 정신을 세계적 차원으로 확대시켜야 한다고 생각합니다. 즉 글로벌 5·18 정신이 필요한 시점입니다.

광주의 민주주의 정신은 실질적인 민주주의의 진전으로 나아가야 하고, 평화 정신은 한반도 평화 정착으로 연결되어야 하며, 인권 존중 정신은 세계적 차원의 인권 확대로 발전해야 합니다.

빛고을 광주 출신인 저는 항상 광주민주화운동의 역사성을 가슴에 품고, 김대중 전 대통령의 '행동하는 양심이 되라'는 말씀을 실천하고자 경기도 고양시에서 평화통일특별시의 비전을 펼치고 있습니다.

저는 통일된 한반도의 실질적 수도 역할을 준비하기 위해 고양시를 평화통일특별시로 선언하고, 남북 관계 개선과 한반도 평화 정착, 그리고 인권 신장을 위한 평화와 생명 존중의 신평화통일운동을 추진하고 있습니다.

평화와 생명 존중의 신평화통일운동은 한반도에 평화를 정착시키고, 분단된 조국의 평화적 통일 운동에 국한하지 않고 세계 각지에서 진행되는 각종 갈등과 분쟁을 국제적으로 평화적으로 해결하자는 운동입니다. 이 운동은 트위터·페이스북·유튜브 등 SNS를 통해 국제적 네트워크를 구축하고 활동합니다.

5월의 정신을 계승해오고 계신 여러분을 한자리에서 뵙는 기회는 흔치 않기에 이번 회의가 제게는 더욱 특별하고 소중합니다. 5·18

광주민주화운동의 정신을 더 멀리 전파하고 기억하기 위해 앞서 말

씀드린 신평화통일운동에 동참해주십시오. 간곡히 호소합니다.

"'광주 해방구' 발언 사과하세요!"

망월동에 안치된 후배 열사의 묘비 앞에서

"광주는 1980년 5월에도,
그리고 오늘도 비폭력 평화주의의 상징입니다"

2006년 10월 통일부 국정감사장에서 김용갑 의원은 돌연 "2006년 8·15 남북평화축전이 열린 광주는 주체사상을 선전하는 완전한 해방구였다."고 발언했다. 이에 최성 의원은 의사진행발언을 통해 "전형적인 색깔론이며 광주 시민에 대한 모독이자 대한민국의 정체성을 부정하는 발언"이라고 질타했다. 결국 김용갑 의원은 유감을 표명했다.

광주 망월동 청각장애인 희생자 묘지

김용갑 의원님께, 그리고 한나라당에 묻고자 합니다.

1980년 5월 광주가 공산 치하의 해방구였습니까? 2006년 6월 15일, 광주가 주체사상이 난무하는 완전한 해방구였습니까?

그때나 지금이나 광주는 박정희, 전두환, 노태우 군부정권으로 이어지는 반인권적 탄압에 맞서서 민주주의와 인권, 평화를 위해 자신의 소중한 목숨을 던졌던 비폭력 평화주의의 상징입니다.

광주 시민과 대한민국 국민과 국회에 사과하십시오.

(국정감사 발언 중에서)

DJ 핵심 인사들이
한 자리에 모인 이유는?

2분 39초   https://youtu.be/zzKRU_9U04o

김대중 대통령 서거 7주기를 맞아 김대중 대통령의 평화철학을 재조명, 계승 발전시키고자 개최된 세미나 영상. 이날 최성 시장은 'DJ햇볕정책의 계승방안'을 제시하였으며, 박지원, 박주선, 김한정, 최경환 의원 등 김대중 대통령의 핵심인사들이 대거 참석하였다.

김대중 대통령 평화경제론 국회 세미나에서 기조연설 중인 최성 시장

편집자 주 본 원고는 2016년 8월 17일 개최된 김대중 대통령 서거 7주기 기념 국회 학술회의에서 최성 시장이 (사)김대중기념사업회 김대중사상계승발전위원장 자격으로 김대중 전 대통령의 통일철학과 대북정책, 그리고 통일 방안의 발전적 계승 방안을 발표한 내용이다.

김대중 전 대통령의 후보 시절부터 최성 시장은 '김대중의 3단계 통일 방안'과 '햇볕정책'의 입안, 역사적인 남북정상회담의 성사에 이르기까지 핵심적인 정책 브레인으로 참여했다. 특히 최성 시장은 김대중 대통령 당선 당시 연고지였던 고양시의 시장으로서 '통일 한국의 실리콘밸리 프로젝트'를 야심차게 추진하며 평화통일특별시의 브랜드를 제시하고 있다.

이날 행사에는 박지원 김대중 대통령 전 비서실장을 포함해 김한정 당시 청와대 부속실장 등 DJ계 핵심 인사들이 대거 참여했다.

김대중 대통령의 햇볕정책의 발전적 계승 방안

김대중 대통령의 햇볕정책과 평화경제론의 핵심

김대중 전 대통령 서거 7주기를 맞이한 오늘 한반도 현실을 보면 북한의 4차 핵실험과 개성 공단 폐쇄, 그리고 한국 내 사드 배치 등으로 인한 동북아의 군사적 긴장 고조 및 한일 양국 정부 간 위안부 협상 결과에 대한 국민적 분노 등으로 김대중 전 대통령의 평화사상과 햇볕정책에 대한 재조명의 필요성이 더욱 높아지고 있습니다.

김대중 전 대통령의 햇볕정책의 핵심은 튼튼한 대북 안보의 토대 위에서 남북 화해 협력 정책을 통해 한반도의 평화 정착을 이루며, 궁극적으로 대한민국의 국제 경쟁력을 키워 나가기 위한 한반도 평화경제론이라 할 수 있습니다.

따라서 김대중 전 대통령의 햇볕정책의 제1원칙이 확고한 대북 안보 태세 확립을 통한 전쟁 방지에 있다는 점에서 '대북 퍼주기 정책'이라는 보수 진영 일각의 비판은 논리적으로 전혀 현실성이 없는 것입니다.

무조건적인 대북 압박을 통해 북한의 자포자기식 대남 도발을 강화시키고 한반도 전쟁의 위험성을 증대시키는 대북 강경 정책보다, 점진적인 남북 대화와 협력을 통해 한반도의 평화 정착을 앞당기고자 한 대북 햇볕정책이 훨씬 평화 지향적이며 효과적인 정책이라 할 수 있습니다.

특히 김대중 전 대통령의 3단계 통일 방안의 핵심은 무리하게 흡수 통일을 시도해서 북한을 자극하고 남북 간 군사적 긴장을 고조시키기보다, 현존하는 남북 간 분단 상황의 위기를 적절히 관리함과 동시에 평화 지향적 번영 정책을 추진하는 것입니다. 또한 점진적으로 현재의 남북 협력 단계에서 국가연합 단계를 거쳐 장기적으로 평화통일 국가를 이룩한다는 데에 있습니다.

통일 대박론에 기초한 조기 흡수 통일적 발상이나 김정은 정권 붕괴 전략에 따른 대북 압박 정책, 혹은 국내외적 봉쇄를 통한 북한 정권의 백기 투항 정책은 오히려 북한의 핵 개발을 부추기고 대외 도발을 강화시킬 위험성이 높습니다.

결론적으로 김정은 정권의 위험천만한 핵실험과 기타 대외 군사모험주의 노선을 중단시키고 중단된 개성 공단을 부활시키며 남북 간 교류 협력 정책 추진을 통해 한반도에 평화를 정착시키기 위해서는 김대중 전 대통령의 통일철학과 햇볕정책에 대한 종합적인 이해가 선행되어야 할 것입니다.

이에 오늘 이 자리에서 고양시의 다양한 평화 번영 정책을 중심으로 10가지 정책 방향을 제시하고자 합니다.

북핵 저지와 한반도 평화 정착을 위한 10가지 정책

5000년 전 한반도 문명의 시작을 알린 가와지볍씨가 발견되고 고양 지명 600년의 역사를 지닌 고양시는 '평화통일특별시'를 목표로 분단 71주년, 광복 71주년의 의미를 되새김과 동시에 '8 15 고양 평화인권선언'을 통하여 '북핵 개발 저지와 한반도 평화 정착을 위한 10가지 정책'을 다음과 같이 추진하고자 합니다.

첫째, 북한의 김정은 위원장은 당장 핵 개발을 포기하고, 대외 강경 정책의 평화정책 전환 및 북한 인권 상황의 근본적 개선 등 국제사회의 신뢰를 얻을 수 있는 책임 있는 조치를 취해야 합니다.

둘째, 일본 아베 총리는 위안부 문제에 대한 공식 사죄와 배상은 물론 독도 망언 및 헌법 개정 등 군사대국화 시도를 즉각 중단해야 합니다.

셋째, 박근혜 정부는 튼튼한 안보의 토대 위에서 한반도 평화, 인권 상황 개선을 위해 북한 핵 개발 저지와 더불어 남북 관계 개선과 6자회담 재개, 그리고 일본군 위안부특별법 제정 등에 전향적인 노력을 기울여야 합니다. 최근 논란이 되고 있는 위안부 재단 설립 및 사드 배치 관련 논란 역시 국익적 차원에서 국회와 긴밀한 협의를 통해 최종 결정하는 것이 바람직할 것입니다.

넷째, 미·일·중·러를 비롯한 국제사회는 남북 분단에 대한 강대국으로서의 책임을 통감하고 향후 북핵 개발 저지뿐만 아니라 6자회담 재개 등 한반도의 평화통일을 위한 국제적 노력을 경주해야 합니다. 특히 사드 문제와 같은 동북아 안정에 긴요한 안보 현안은 최대 이해 당사자인 대한민국 국민의 의사를 최대한 존중하면서 국제사회의 충분한 협의가 이루어져야 할 것입니다.

다섯째, 유엔은 김대중 전 대통령의 지론이었던 북핵 문제의 포괄적 일괄 타결과 한반도 평화 정착을 위해 북핵 포기 시 유엔을 중심으로 한 국제사회의 포괄적인 대북 지원 프로그램(가칭 북한판 '신마셜플랜') 추진과 위안부 피해자 문제 해결을 위한 유엔 차원의 추가 결의안 등 적극적인 역할을 수행해야 합니다.

특히 현재 유력 대권 후보로 거론되고 있는 반기문 유엔 사무총장은 임기가 끝나기 전에 북핵 저지와 한반도 평화 정착을 위한 유엔 관련 평화인권기구의 대한민국 유치, 유엔이 권고한 위안부 피해자 어르신에 대한 일본 정부의 사죄와 배상 등에 대해 확고한 조처를 취해야 할 것입니다.

여섯째, 대한민국 20대 국회는 고양시가 추진하고 있는 일본군 위안부 피해자 특별법 및 평화통일경제특구법 등을 조속히 제정하여 한반도의 평화 인권 상황 개선을 위해 적극 노력해야 합니다.

일곱째, 고양시는 최근 유치된 경기 북부 테크노밸리와 방송영상문화 콘텐츠밸리 및 고양 청년 스마트타운, 국회 차원에서 추진하고 있는 평화통일경제특구법을 종합적으로 연계하는 통일 한국의 실리콘밸리 조성을 위해 모든 노력을 기울일 것입니다. 특히 고양시에 최근 유치 결정된 경기 북부 테크노밸리는 대한민국 정부와 경기도가 함께 추진하는 사업으로, 인근에 통일경제특구지역으로 추진되는 900만 평 규모의 'JDS 개발지구'와 연계되어 통일 한국의 실질적인 배후 문화산업단지로서 매우 큰 의미가 있다고 할 수 있습니다.

여덟째, 분단된 조국의 평화적 통일에 기여하기 위해 통일 독일의 사례를 통해 볼 수 있는 풀뿌리 지방자치의 활성화의 중요성을 인식하고, 민주주의와 인권 상황의 개선을 위한 남북 지자체 간 교류 활성화 및 평화 인권 교육 등에 역점을 두어야 합니다. 뿐만 아니라 지방 재정의 확충 및 자치분권 개헌 등 종합적인 지방자치 활성화를 위한 초당적 노력이 필수적으로 요구됩니다.

아홉째, 고양시민을 비롯해 평화 · 인권을 수호하는 모든 국제사회 시민들은 고양시의 국제 평화 네트워크를 토대로 분열과 대립의 분단 70년을 극복하고 평화와 통일의 새로운 시대를 맞아 일본군 위안부 피해자 문제 해결 및 한반도의 평화적 통일을 위한 국제적인 SNS 평화 · 인권 운동을 지속적으로 전개할 것입니다.

열 번째, 대한민국에서 가장 살기 좋은 행복도시를 지향하는 고양시는 이상의 '8 · 15 고양 평화인권선언'을 국제적으로 실천하고, '통일 한국의 실리콘밸리'의 성공적 추진을 통해 평화통일특별시로서의 위상을 내실 있게 다질 것입니다.

김대중 전 대통령의 통일철학과 평화사상의 핵심은 개방적 민족주의와 적극적 평화주의 그리고 전 지구적 민주주의에 기초해 있습니다.

고양시를 중심으로 추진되는 고양 평화인권선언의 핵심도 그러하며, 한반도의 평화 정착과 동북아 공동 번영을 위한 10대 핵심 정책 역시 김대중 전 대통령의 통일철학과 평화사상을 바탕으로 합니다.

이에 이번 10대 핵심 정책은 폐쇄적 민족주의가 아닌 국제사회와 공조하는 개방적 민족주의, 북핵 저지는 물론 한반도의 평화통일을 위한 적극적 평화정책, 대한민국만의 민주주의와 인권 개선을 넘어 국제사회의 평화 인권 상황의 개선을 위한 국제적 평화 인권 운동으로 발전되어야 할 것입니다.

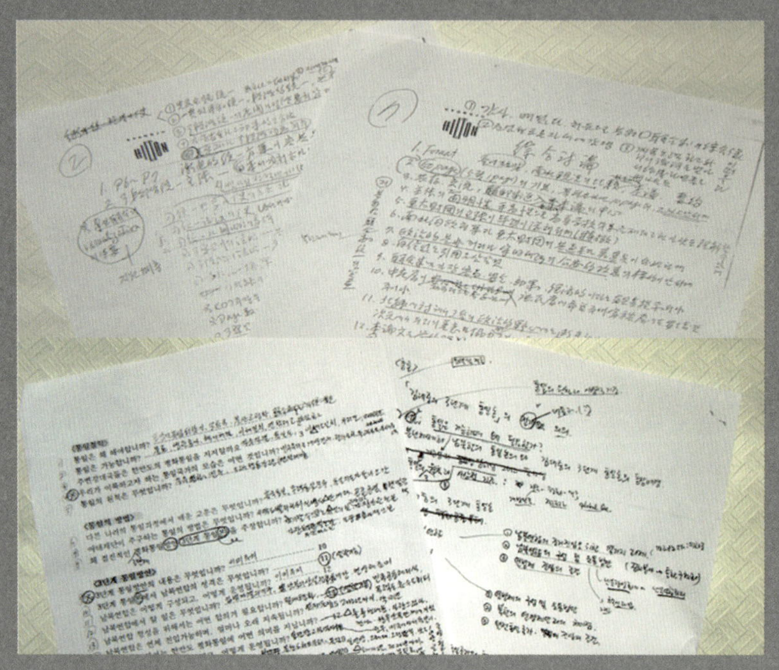

최성 시장이 아직까지 간직하고 있는 김대중 대통령의 친필 메모

김대중 전 대통령이 자신의 통일 방안을 최초로 체계화하던 아태평화재단 이 사장 시절 '3단계 통일 방안의 체계화'를 위한 최성 의원의 초안에 대해 지시 사항을 담은 친필 메모다. 여기에는 김대중 전 대통령의 통일철학, 구체적 방법과 경로, 그리고 북한의 장래 및 바람직한 대북정책의 골간 등 햇볕정책에 기초한 김대중 전 대통령의 통일 방안을 집대성한 작업이 포함되어 있다. 향후 최성 시장은 김대중 대통령과 함께 청와대 안보수석실에서 역사적 남북정상회담을 성사시키는 주역이 되는 등 김대중 평화사상의 계승자로서 일관된 활동을 수행한다.

DJ로부터의 배움

『울보시장』은 최 시장이 18대 국회의원 선거에 떨어졌을 시기 겪었던 어려움과 말기 암 투병 중이었던 아버지의 운명, 그리고 청각장애인 작은누나의 아픔을 딛고 시민들과 함께 울고 웃었던 시간들을 기록한 책으로 상당기간 베스트셀러를 기록했다.

처음 그분과 마주했을 때를 생생하게 기억한다. 그분은 "최 박사, 나의 통일 방안에 대해 어떻게 생각하나요?" 하고 물어 오셨다. 나는 당돌하게도 "3단계 통일 방안은 체계적인 이론을 갖췄지만 각론 부분에서 부족한 면이 있습니다." 하고 대답했다.

그러자 내게 "북한 정권의 미래를 어떻게 내다보시나요?" 하는 질문을 던지셨다. 나는 "불안정한 요소는 많으나 쉽사리 무너지지 않을 것 같습니다." 하고 또박또박 힘주어 말했다. 그것이 김대중 전 대통령과 나의 첫 만남이었다. 그때가 1993년이니 이제 20년이 지났다. 정계를 은퇴하고 영국에 머무르던 당시 김대중 전 대통령은 귀국 후 새로 만들 통일연구소에서 함께 일할 젊은 박사 학위 연구자를 찾았다. 그 최초의 인물로 내가 추천되었고 이후 외국에서 학위를 받은 박사들과 함께 시험을 치르게 되었다.

그 공개 채용 과정에서 나는 100여 명이 넘는 경쟁을 뚫고 수석으로 합격하며 소위 '김대중 재단'에 본격 참여하게 되었다. 이후 재단의 공식적인 이름은 '아시아 · 태평양 평화재단'이라 정해졌다. 지극히 순진한 생각이었지만 나는 그때만 해도 김대중 전 대통령이 정계에 복귀할 것이라고는 결코 생각하지 않았다. 다만 나는 진보적 학술 연구자로 활동해온 내 이력을 살려 남북통일과 한반도의 평화 정착을 위한 학자의 길을 가고자 했다. 당시만 해도 교수의 꿈을 갖고 있었기에 나의 선택은 당연한 수순이었다.

김대중 전 대통령은 나를 극진하게 아껴주셨다. 주로 최 박사라고 부르셨고 어느 때는 최 동지라고 불러주시는 날도 있었다. 박사학위를 받았을 때는 주변 사람들을 불러 모아놓고 축하연을 열어주셨고, 둘째 딸아이를 낳았을 때는 덕담과 함께 금일봉을 전해주시기도 했다.

외국 일정에는 대부분 동석을 시키셨으며 오랫동안 당신을 모셨던 핵심 인사들에게 "최 박사한테 가서 정책적인 부분을 배우고 와라."라는 말을 던져 나를 당황하게 하신 적도 있다. 무엇보다 내가 김대중 전 대통령에게 존경심을 느꼈던 이유는 그분이 나의 능력을 인정해주셨던 것은 물론이고 어느 누구보다 다른 사람의 말을 경청하고 세심한 배려를 할 줄 아는 따뜻한 마음의 소유자였기 때문이다.

아태평화재단의 책임연구위원으로 4년 넘게 생활을 하던 나는 이후 김대중 당시 대통령 후보의 TV토론 대책팀장과 안보보좌역으로 일하게 되었다. 당시만 해도 김대중 전 대통령은 상상할 수 없는 원색적 이념 비방과 더불어 '20억+α 수수' 등 각종 정치적 공세에 시달리고 있었다. 정세가 불리해지자 많은 이들이 김대중 후보의 곁을 떠났다. 나는 쓸쓸한 마음으로 그들의 뒷모습을 바라봐야 했다.

비슷한 시기 나에게도 서울 모 대학의 최종 면접 통과라는 거절하기 힘든 좋은 기회들이 주어졌지만 나는 김대중 후보의 곁에 끝까지 남기로 결심했다.

대선 기간 내내 나는 승패의 분수령이 될 TV토론의 전략을 수립하는 막중한 일을 맡고 있었다. 고민 끝에 그간 김대중 전 대통령이 한 번도 보이지 않았던 지극히 인간적인 면모를 공개하는 것에 중점을 두었다. 야식을 먹지 못하게 하는 이희호 여사와 부부싸움을 했던 이야기나 옥중 생활 기간 아들과 부인을 그리워하며 눈물을 흘리던 모습 등이 브라운관을 통해 전국으로 나갔다. 진정성을 기반으로 한 솔직하고 인간적인 모습의 접근은 성공을 거두었다. 특히 주부층을 중심으로 지지율이 크게 올라갔다.

정치인 김대중은 인간 김대중의 모습으로, 또 투쟁가 김대중은 준비된 대통령으로 변모하고 있었다. 결국 대통령에 당선된 이후 대통령직인수위원회를 거쳐 김대중 정부의 외교안보 비서실과 정무비서실 국장으로 김대중 전 대통령과 함께했다.

이후 나는 노무현 정부의 인수위원회 참여, 노무현 대통령 정책기획위원과 국회의원직을 거치며 다양한 국정 경험을 쌓을 수 있었다. 그 시기를 거쳐온 나는 역대 정권의 탄생 과정을 분석하고 차기 대통령이 알아야 할 민심과 시대정신을 담아 지난 2012년 『대통령은 어떻게 탄생하는가?』(다산북스)를 발간했다. 18대 대선을 앞둔 시점에서 이 책은 '민심을 읽는 새로운 정치 안내서'로 기능하며 출간과 동시에 베스트셀러에 오른 바 있다.

후보 시절은 물론 대통령이 되어서도 김대중 대통령의 양복 주머니에는 언제나 작은 수첩이 있었다. 회의를 할 때는 물론이고 대화나 전화 통화를 할 때도 대통령은 이 수첩을 꺼내 끊임없이 무엇인가를 적었다. 내가 독대를 할 때도 대통령은 내가 드린 보고서가 있음에도 불구하고 주요 내용들을 다시 수첩에 옮겨 적으셨다. 그러고는 사람의 기억력은 믿지 못하니 늘 메모하는 습관을 가지라고 말씀하셨다.

김대중 전 대통령의 메모에는 회의 안건이나 당장 자신이 해야 할 일 혹은 신문 기사의 주요 내용과 앞으로 읽어야 할 책의 제목 등이 적혀 있었다. 아울러 단순히 그때그때의 일을 정리하는 데 그치는 것이 아니라 1년 혹은 수년의 계획을 시기마다 정리하고, 수정하고, 실천하고, 발전시키는, 말 그대로 거대한 구상을 정리해놓은 일기장이자 백서였다.

그렇기에 김대중 전 대통령의 수첩은 항상 여백을 찾아볼 수 없을 만큼 빼곡한 글씨로 가득 찼다. 당시 나는 원시(遠視)가 있던 대통령이 왜 그렇게 깨알처럼 작은 글씨로 수첩의 빈 공간을 채워 나가는지 의아했다.

하지만 얼마 가지 않아 그 의문이 풀렸다. 그때 나는 김대중 전 대통령이 집필한 『나의 길 나의 사상』(한길사)이라는 책 발간의 실무적인 일도 겸하고 있었다. 이 과정에서 1980년 내란 음모 사건으로 투옥될 당시 적은 옥중 편지들을 발견할 수 있었다. 수감 시절 종이를 아껴 최대한 많은 내용을 담느라 김대중 전 대통령의 편지에는 잘 보이지 않을 정도의 작은 글씨들이 깨알같이 적혀 있었다. 1978년 병원에 연금되어 있던 대통령이 우유갑에 못으로 적은 것도 있었다.

이후 이 편지들은 『김대중 옥중서신』이라는 책으로 세계 각국에서 발간되기도 했다.

과거 정권들은 정치범들을 가장 두려워했다. 필기구 소지는 물론 종이 한 장도 주어지지 않았다. 다만 일주일에 한 번 정도만 공식적인 시간이 주어졌고 용지의 규격도 정해져 있었다. 역사적으로 보아도 철권을 휘두르는 독재정권들이 가장 두려워했던 것은 무기의 힘이 아니라 펜의 힘이었다.

김대중 전 대통령은 메모광인 동시에 독서광이었다. 출옥 후 한창 바쁜 시기를 보내던 김대중 전 대통령은 방해받지 않고 책을 읽을 수 있는 감옥으로 다시 들어가고 싶다고도 하셨다. 독서법에는 여러 방법이 있다지만 김대중 전 대통령은 언제나 책을 정독했다. 활자로 된 것들을 허투루 읽는 법이 없었다.

특히 아놀드 토인비의 『역사의 연구』는 대통령이 여러 판으로 읽으셨던 책이다. 언제라도 동교동에 있는 김대중 전 대통령의 지하 서재에 들어갈 때면 오래된 책들에서 나는 그윽한 지향(紙香)을 느낄 수 있었다.

김대중 전 대통령을 모시면서 나는 그분의 사상과 철학은 물론 특정 사안을 바라보는 태도와 작은 습관까지 배울 수 있었다. 다행스럽게도 메모와 독서는 이미 내가 갖고 있던 오랜 습관이었다. 메모는 단지 무엇을 기록하는 것 외에 다른 힘을 갖고 있다. 잊지 말아야 할 일을 상기시켜주는 것은 물론, 두서없이 메모를 하다 보면 복잡한 생각이 어느새 말끔히 정리되기도 한다.

생전 다섯 차례나 죽을 고비를 넘기면서도 김대중 전 대통령은 어떤 권력자도 두려워하는 법이 없었다. 다만 김대중 전 대통령이 유일하게 두려워했던 것은 국민의 마음이었다. 김대중 전 대통령은 만리장성을 만든 것은 진시황이 아니라 백성이고 경복궁을 만든 것도 대원군이 아닌 백성이라 했다. 진실한 건설자는 권력자가 아니라 이름 없는 석수와 목수 등의 평범한 백성이라는 것이다.

특히 정치인이라면 이러한 진실을 정확히 깨닫고 인지해야 함을 강조하셨다. 그래야만 그들에 대한 외경심을 가슴 깊이 가질 수 있으며 역사에 대한 자각도 새롭게 할 수 있다는 것이다.

내가 김대중 전 대통령에게 배운 가장 중요한 정신도 여기에 있다. 김대중 전 대통령은 특정 이념에 얽매여 정책을 세우거나 일을 처리하지 않았다. 원칙과 철학은 분명하게 가지고 있었지만, 새로운 문제를 대할 때는 이념과 사상을 떠나 실재와 본질을 파악하기 위해 노력했다. 민주주의와 평화, 사회정의 실현을 위한 실천인 '행동하는 양심'과 함께 김대중 전 대통령으로부터 엿볼 수 있는 또 하나의 특징적인 것이 바로 이 '실사구시' 정신이다.

실사구시란 다산이 즐겨 인용한 말로, 일상생활에서 백성들의 어려움을 해결하는 데 목민관들이 지침으로 삼아야 할 표제이며, 사실에 토대해 진리를 탐구한다는 뜻이다. 동시에 이 말은 김대중 전 대통령이 생전에 붓글씨로 써서 주위 사람들에게 즐겨 나누어주었던 것이기도 하다.

나도 시정을 펼치면서 어려운 문제에 봉착하게 되면 이 실사구시를 생각하려 한다. 언제나 시민들의 현실에 서서 시시비비를 따져 합리적 해법을 찾는다. 공리공론이 아닌 진실된 삶에서, 자기가 처한 역사적 상황 속에서 올바른 길을 찾아 나가는 것이다.

나는 김대중 전 대통령의 생전에 그분의 어록을 모아 앞서 언급한 『배움: 김대중 잠언집』이라는 책을 엮었다. 80여 년이 넘는 삶을 살며 그분이 건져 올린 인생에 대한 깨달음의 철학을 담고자 했다. 출간 직후 김대중 전 대통령은 "내가 이렇게 멋진 말을 했던가?" 하면서 큰 격려를 해주셨다.

간행 초기부터 많은 독자들의 사랑을 받았던 이 책은 2009년 김대중 전 대통령의 서거 직후 그분이 직접 저술하신 책보다도 더 많이 판매되었다. 이 시기 별다른 수입원이 없던 나에게 『배움: 김대중 잠언집』의 인세는 시장 선거운동에 나설 수 있는 쌈짓돈이 되었다. 메모와 독서 습관, 실사구시의 사유에 이어 김대중 전 대통령이 내게 주신 또 하나의 유산인 셈이다.

[울보시장] 나쁜 평화보다 좋은 전쟁은 없다

2분 05초   https://youtu.be/1TzI-Fv5yXw

고양시는 한반도 평화통일의 중추적인 역할을 할 경의선이 관통하는 지역이다. 최성 시장은 2020 평화통일특별시라는 큰 그림 아래 평화통일을 실질적으로 준비하는 시민참여 지방자치의 새로운 모델을 탄생 시키고자 한다.

茶山中堂

하버드대학교에서 특별 강연 중인 최성 시장

편집자주 18대 대통령 선거를 앞둔 2011년에 하버드대에서 한 연설이다. 그럼에도 당시 최성 시장이 제기한 지도자의 청렴성 문제와 시스템적인 국정 운영의 필요성, 소위 안철수 현상에 대한 사회과학적 분석과 차기 대통령의 자격으로 제시한 4가지 조건은 최근 박근혜–최순실 게이트 과정에서 나타난 총체적인 국정 운영의 문제점을 정확히 예측하고 있다.

세계 3대 인명사전 중 2곳에 게재된 최성 시장은 미국 존스홉킨스대 교환교수를 역임하고, 영국 캠브리지대와 독일 베를린 자유대, 중국 북경대 등 세계 유수 대학에서 초청강연을 하는 등 글로벌 리더로서의 활동을 지속해 왔다.

목민관이 바라본
차기 대통령의 4가지 조건

안녕하십니까?

꽃보다 아름다운 사람들의 도시, 대한민국 경기도 고양시 최성 시장입니다.

세계 석학들이 모인 이곳에서 여러분과 대화를 나눌 수 있게 되어 큰 영광으로 생각합니다. 특히 김대중 전 대통령을 모시고 청와대 외교안보비서관으로 재직할 당시부터 많은 가르침을 주신 소중한 인연의 베이커(Baker) 교수님을 비롯한 존경하는 교수님들과 학생 여러분, 그리고 유서 깊은 교육 도시 보스턴의 여러 한인 지도자 여러분 앞에서 대한민국의 지방자치를 비롯한 정치 현실과 차기 대통령의 조건 등 주요한 현안을 공유할 수 있게 되어 참으로 의미 있게 생각합니다.

특히 오래전 하버드대의 케네디스쿨에서 세계의 차세대 지도자들과 21세기 지도자 프로그램에 참여했었는데 그때 배웠던 글로벌한 경험이 저의 정치 인생에 큰 도움이 되었기에 이 자리를 빌려 감사를 드립니다.

저는 오늘 이곳에서 여러분과 함께 한국의 차기 대통령은 어떤 조건을 갖추어야 하는지 이야기를 나누고자 합니다.

오늘 이 자리에서만큼은 정치인 최성으로서가 아닌 목민관 최성으로서 한국 국민들이 겪고 있는 실상과 그에 따라 요구되는 차기 대통령의 조건에 대해 가감 없이 말씀드리고자 합니다.

안철수 현상의 본질은 여야 정치권의 대오각성이다

민심은 어떤 정치 세력의 태동을 기다리고 있는지 반추해볼 필요가 있습니다. 우리 사회는 지금 진보와 보수로 나뉘어 구시대적 이념 대결에서 벗어나지 못하고 있습니다. 그러나 국민들은 이념 논리에 그렇게 깊은 관심을 두고 있지 않습니다. 오히려 민생고는 뒤로한 채 낡은 이념 대결에 매몰돼 있는 정치권의 모습을 보며 한숨만 깊어질 뿐입니다.

그러다 보니 불현듯 신선한 바람을 몰고 나타나는 제3의 존재는 커다란 기대를 받기 마련입니다. 그런 의미에서 10 · 26 재보궐선거를 앞두고 안철수 서울대 교수가 돌풍을 일으킨 현상은 주목하지 않을 수 없습니다. 서울시장 보궐선거 출마 여부에서부터 불기 시작한 소위 '안풍(安風)'은 기존의 정치권 질서를 송두리째 흔들어놓았기 때문입니다.

과거에도 박찬종 · 정주영 · 문국현 등 무소속 돌풍이 없었던 것은 아니지만 지금처럼 신드롬까지 만들어낼 정도는 아니었습니다. 지난 4년간 단 한 차례도 대선 후보 지지율 1위를 놓쳐본 적 없었던 한나라당 박근혜 전 대표마저 안철수 바람 앞에서 흔들리는 상황이 벌어졌습니다. 참으로 대한민국 정치의 역동성을 적나라하게 보여주는 획기적인 사건이 아닐 수 없습니다.

정치 전문가들은 대중이 안철수 현상에 크게 주목하는 이유를 크게 3가지 측면에서 분석하고 있습니다.

첫째, 탈이데올로기입니다. 좌와 우 어느 쪽으로도 치우치지 않고 상식적인 사회 정의를 강조해왔기 때문으로 분석하고 있습니다.

둘째, 소통 방식입니다. 전국을 순회하며 개최한 〈청춘콘서트〉는 폭발적인 인기를 몰고 다니며 젊은 세대를 열광케 했습니다. 그야말로 찾아가는 소통 방식이었습니다.

셋째, 고민 나눔입니다. 젊은 세대들이 가지고 있는 미래에 대한 불안을 감싸주고 고민을 들어주었다는 점입니다. 즉 젊은 세대들은 누구라도 자신들의 고민을 들어주고 함께 나눌 수 있다는 데서 기쁨을 찾았던 것입니다. 머리를 맞대고 같이 고민해 문제를 풀어 나갈 수 있는 사회 구조, 그런 소통하는 사회를 바라고 있었던 것입니다.

그러나 안정적으로 국가를 운영하기 위해서는 고도의 정치력과 행정력이 조화를 이루고 있어야 합니다. 그런 점에서 안철수 교수에 대한 기대와 함께 반드시 수반돼야 할 것이 건전한 비판과 생산적인 검증 과정일 것입니다. 따라서 안철수 교수가 일으킨 바람에 담긴 의미들을 정확하게 분석하는 것은 매우 중요합니다. 그것은 기성 정치권과의 소통에 목말라하던 대중이 찾은 오아시스와 같은 것이며, 공정하지 못하고 정의롭지 못한 사회구조에 대해 직설적 비판을 가함으로써 얻게 되는 카타르시스이기도 합니다. 또한 그를 통해 불통의 정치권이 쇄신하고 변화될 수 있길 바라는 채찍질이기도 한 것입니다.

그래서 안철수 열풍은 안철수라는 개인이 중요한 것이 아닙니다. 시대적 요구가 반영된 대단히 유의미한 '현상'인 것입니다. 따라서 '안철수'라는 인물 대안론으로 시대적 요구가 축소되는 데 대해서는 경계해야 할 것입니다. 유권자들은 안철수가 아닌, 안철수와 같은 소통의 정치를 원하고 정치권의 대오각성을 촉구하고 있다는 사실을 직시해야 합니다. 내년 총선과 대선을 앞두고 정치권이 어떻게 변화해야 할지 어렴풋이나마 짐작할 수 있게 하는 대목입니다.

목민관이 바라본 차기 대통령의 4가지 조건

결론을 대신해서 목민관의 입장에서 바라본 차기 대통령의 조건을 언급하는 것으로 저의 말씀을 마치고자 합니다. 물론 이러한 조건은 제가 시민운동과 학계 활동 그리고 청와대와 국회의원, 고양시장 등 다양한 직책을 현장에서 수행하는 과정에서의 실천적 경험을 토대로 한 것입니다.

첫째, 국민 위에 군림하거나, 자의적 판단에 의존하는 권위주의적 지도자가 아니라 진정으로 청년에서부터 어르신, 장애인에 이르기까지 사회의 다양한 계층과 자유로이 대화를 나눌 수 있는 인간적 소통의 리더십을 지닌 대통령이 되어야 합니다.

여기에서 '인간적 소통의 리더십'이라 함은 일국의 대통령이 지녀야 할 리더십은 소통의 방법에 있어서도 SNS와 같은 새로운 형태의 소통의 도구를 활용하는 것도 '기계적 소통 리더십'도 중요하지만, 더욱 중요한 것은 복지,교육,민생 등 사회 각 분야에서의 시민적 요구를 온 몸으로 경험하고 그 해법을 모색하는 과정 역시 다양한 계층과 진정성을 갖고 인간적 대화를 자유롭게 논의할 수 있는 '인간적 소통의 리더십'을 갖추어야 할 것입니다.

둘째, 오늘날 대한민국의 서민과 중산층 그리고 사회적 약자가 겪고 있는 경제적 불균등과 사회적 부정의 그리고 특권층중심의 부익부 빈익빈 정책을 해소할 수 있는 사회정의의 리더십을 지닌 대통령이어야 합니다.

현재의 대한국민 사회와 전 세계의 최대화두는 사회정의의 문제입니다. 특권과 편법과 반칙 그리고 부정의가 지배하는 사회의 미래는 없습니다. 다시 말해서 성장과 발전만을 추구하는 토건식 개발보다는 복지증진과 교육환경 개선, 그리고 부조리한 사회구조를 제도적으로 개선시켜 시민들의 삶의 질과 행복지수를 증진시킬 수 있는 사회정의에 대한 가치와 비전, 정책을 실천할 수 있는 지도자여야 할 것입니다. 말로만의 민생우선, 당위적인 시민제일주의가 아니라 사회 전 영역에서 사회정의를 실현할 수 있는 구조개혁과 네트워킹 역량 그리고 추진력을 지닌 지도자여야 할 것입니다.

셋째, 최근 한미FTA 추진과정에서 더욱 심각해져가고 있는 보수와 진보간의 이념적 갈등을 비롯하여 계층 갈등, 지역갈등, 각종 이해집단단 갈등을 중재하고 해소해서 국가발전의 원동력으로 승화시킬 수 있는 생산적 통합의 리더십을 지닌 대통령이 절실히 필요합니다.

여기에서 '생산적 통합의 리더십'이라 함은 현재 정치권에서 논의되는 정치적, 정당적 통합차원을 넘어선 계층적 통합, 지역적 통합이 종합적으로 이루어져 국가발전에 생산적으로 도움이 되는 리더십을 의미합니다.

넷째, 단순히 분단상황의 평화적 관리를 넘어서 정권적 위기상황에 처한 북한에 대해 대북화해협력정책을 실현하고 주변 4강과의 자주적 외교실현 등 국제적 평화외교를 실천할 수 있는 글로벌 평화 리더십을 지닌 대통령이 되어야 합니다.

주지하다시피 오늘의 북한사회는 심각한 정권적 위기에 놓여있습니다. 누적한 북한체제 내부의 문제 외에도 과거 미국에 의해서 악의 축 국가로 지목되었던 이란과 이라크, 리비아 등의 모든 나라에서 민주화운동을 비롯한 각종 혁명적 사태가 최근 발생했던 경험 등에 비추어 볼 때 북한상황의 불가예측성은 그 어느 때보다도 높다고 할 수 있습니다.

좀 더 냉혹히 이야기한다면 차기 대통령의 대북정책에 대한 비전과 평화지향적 리더십의 유무에 따른 한반도는 국지전을 비롯한 극심한 군사적 갈등으로 치달을 것인지, 아니면 한반도의 평화적 통일을 이룩할 수 있는 기반을 쌓을 수 있는 지 그 편차가 대단히 클 것으로 보입니다.

뿐만 아니라 일본의 독도영유권 침탈기도와 중국의 동북공정 등 역사왜곡 시로 등 주변국의 패권지향적 정책에 대해서도 보다 적극적인 평화외교가 필요한 시기입니다. 그런 점에서 차기 대통령의 글로벌 평화리더십은 대한민국의 운명을 좌우한다고 해도 과언이 아닐 것입니다.

현 시기 우리에게 중요한 것은 누가 대통령에 될 것인가 하는 관망자적 자세가 아니라 오늘의 대한민국의 처한 현실이 어떻고, 앞으로 어떤 정책적 비전을 실천해야 하는가? 그리고 누가 이러한 가치와 정책을 실현할 수 있는 실천적인 경험을 가지고 있는가 하는 보다 종합적인 검증과정이 더욱 중요할 것입니다.

따라서 시기마다의 단순 여론조사에 일희일비할 것이 아니라, 대한민국의 민주발전과 사회정의 실현 그리고 분단된 조국의 평화적 통일을 실천할 수 있는 능력을 지닌 적합한 대통령을 만들어가는 과정이 더욱 중요할 것입니다.

그런 점에서 김대중 전 대통령의 '행동하는 양심'과 노무현 전 대통령의 '깨어있는 시민의 조직화된 힘'의 중요성은 아무리 강조해도 지나치지 않을 것입니다.

경청해주셔서 대단히 감사합니다.

전격 해부,
'청렴의 리더십'이란

19대 대통령 선거를 앞두고 최성 시장이 집필한 『대통령은 어떻게 탄생하는가?』는 박근혜 대통령 탄핵과 총체적 국정농단의 실체를 구조적으로 예단한 베스트셀러다. 특히 대통령에게 있어 청렴성과 도덕성이 얼마나 중요한지 역설하고 있다.

"청렴은 목민관의 본무(本務)요, 모든 선의 근원이요, 덕의 바탕이니, 청렴하지 않고서는 능히 목민관이 될 수 없다."

"위엄은 웅장하고 화려한 겉모습에서 나오는 것이 아니라 청렴에서 나온다."

"뇌물은 누구나 비밀스럽게 주고받지만, 한밤중에 주고받은 것조차 다음 날 아침이면 드러나고야 만다."

다산 정약용 선생은 이처럼 '청렴의 중요성'을 강조했다. 영국의 사상가 토머스 모어 또한 "돈이 권력을 크게 흔들 수 있는 곳에서는 국가의 올바른 정치나 번영을 바랄 수 없다."고 말했다. 우리 사회에서 공직자의 모습은 과연 그러한가?

검증된 도덕성과 경험적 정책 실행 능력

최근 들어 대통령 선거를 비롯한 각종 선거 과정에서 '매니페스토' 공약이 중요시되고 있다. 상호 정치적 비방과 폭로전을 지양하고 국민을 위한 각종 정책 선거를 주도한다는 차원에서 매니페스토는 당연히 중요하다. 더욱이 매니페스토는 후보자들에게 각종 정책을 제시하도록 하고 이를 토대로 선거 과정에서 검증 자료로 활용하기도 한다. 나아가서는 재선출 과정에서 임기 중 얼마나 공약을 실천했느냐에 대한 근거 자료가 되기도 한다.

하지만 여기에는 함정도 있다. 우선 각종 선거 과정에서 상호 비방과 정치 공세를 지양함으로써 파렴치한 정치인이나 부도덕한 지도자 등에 대한 엄격한 도덕적 검증마저 네거티브로 비춰질 수 있다는 점이다. 뇌물 수수를 비롯해 정치자금법 위반 등 각종 불법 편법 행위에 대한 공개적 문제 제기가 정치 공세로 변질되는 경우도 있다. 그 때문에 실현할 의지나 노력이 없는데 그럴듯한 정책 공약을 놓고 정책 토론을 벌이는 이율배반적 상황이 나타날 수 있는 것이다.

따라서 필자는 매니페스토의 필요성에 적극 동의하지만 이보다 더욱 중요한 것은 공직자로서의 도덕성과 청렴성을 검증하는 일이라고 생각한다. 정책 선거라는 명분 때문에 도덕성에 대한 철저한 검증이 무시되는 상황을 경계해야 한다는 말이다. 특히 대통령의 경우 국정의 최고 책임자로서 도덕성을 겸비하고 있는지에 대해 더욱 혹독하고 철저한 검증이 절실하다.

그런 점에서 국민적 상식에 어긋나는 부도덕한 범법 행위를 저지른 정치인은 비록 사면 복권이 되었다 하더라도 국회의원이나 대통령과 같은 공직에 발 내딛을 생각조차 할 수 없는 정치 문화와 법 개정이 이뤄져야 한다. 법을 만드는 국회의원들이 자신들의 허물에 대해서는 관대하고 공무원들의 비리와 서민들의 생계형 법 위반에 대해서만 엄단한다면 그 어떤 공직자와 국민이 정치 지도자들을 따르겠는가? 국회에서 입법만으로 문제가 해결되기는 어렵다. 높은 시민 의식으로 무장한 국민들이 강제할 수 있어야 한다. 적어도 차기 대통령 선거만큼은 국민적 상식에 비추어 청렴한 대통령을 뽑을 수 있어야 할 것이다.

물론 정책적 역량에 대한 평가를 소홀히 해서도 안 된다. 도덕성과 청렴성에 대한 철저한 검증과 더불어 정책 추진 역량 역시 꼼꼼히 따져봐야 한다. 후보자가 제시한 정책을 두고 이를 실현하기 위해 어떻게 실천적으로 추진해 나갈 것인지 검증해야 한다. 또한 그동안 어떤 노력을 기울여왔으며 구체적인 성과는 무엇이었는지도 집요하게 묻고 평가해야 한다.

대통령 후보들 역시 그럴듯한 장밋빛 청사진보다는 그동안 '서민 생활의 증진을 위해', '사회적 약자의 권익 증진을 위해', '분단된 조국의 평화적 통일을 위해', '국민들의 행복지수 증진을 위해' 어떻게 노력해왔고 그 성과가 어땠는지 밝힐 수 있어야 할 것이다. (중략)

청렴 공직 문화를 뿌리 내리게 하려면

공직자의 부패는 또한 서비스의 질 저하를 낳는다. 친분이나 청탁에 따른 인사 또는 입찰은 공공시설과 물품의 부실·불량을 초래하기 마련이다. 얼마 전 발생한 사상 초유의 한전 대규모 정전 상태가 대표적 사례다. 결국 그 모든 피해 역시 고스란히 국민들이 받게 된다.

물론 전국적으로 100만에 가까운 공직자는 절대다수가 성실하며 전문성과 자긍심을 가지고 있다. 다만 모든 조직이 그러하듯이 일부 부정부패에 연루되거나 철밥통 의식에 사로잡혀 무사안일 행정에 빠진 공직자들이 문제다. 문제는 그런 일부 공직자들의 행태로 인해 공직 사회 전반에 대한 국민들의 불신이 높아진다는 점이다.

필자 역시 의원 시절 자전거와 중고차를 타고 지역을 누벼도, 그리고 목민관인 지금 고급 승용차 대신 하이브리드 소형차를 타고 민생 현장을 아무리 다녀도 정치권을 향한 시민들의 의구심은 쉽사리 해소되지 않음을 느낀다. 그만큼 불신의 골이 깊고도 크다는 것이다. 그래서 지도층 전반의 청렴성 회복, 지도자 스스로 뼈를 깎는 검소함과 자기 헌신의 모범이 절실히 필요한 것이다. 공직자 스스로 청렴의 필요성에 대해 절감하지 않는다면 바꿀 수 있는 것은 아무것도 없다.

차기 대통령은 대한민국 사회 변화의 선두에 있는 공직자의 창조적 변화를 우선시하고 이를 위한 전방위 공직 교육을 추진해볼 필요가 있다. 고양시의 경우 비록 취임 2년간의 지난한 과정을 거쳤지만, '희망보직제'를 중심으로 한 획기적인 공직 인사 실시를 비롯해 '조직 개편', '시민과 소통하는 공직 문화' 등을 종합적으로 추진한 결과 창의성과 헌신성을 보여주는 변화를 가져오기도 했다.

뇌물과 청탁이 불가능하도록 투명하고 공정한 제도가 더 엄격하게 마련됨으로써 공직자 스스로 청렴의 중요성을 절감하고 실천할 수 있도록 이끌어야 한다. 사회 분위기를 바꾸기 위한 더 다양한 제도적 뒷받침도 중요하다.

그러나 다른 누구보다 먼저 최고 책임자가 앞서서 청렴, 공정, 성실, 헌신의 모범을 보여주지 않으면 소용이 없다. 위에서 탈법과 편법을 일삼는데 그 어떤 공직자나 국민이 창조적 변화에 동참하겠는가? '청렴 공직 문화'를 뿌리 내리는 일은 하루아침에 이루어질 수 없다. 스스로에게 가장 엄격할 수 있는 도덕성을 가진 '청렴의 리더십'이 차기 대통령에게 절실히 필요한 이유다.

3장

한반도의 북핵안보위기!
차기 대통령은
어떻게 해결할 것인가?

통일 독일 26주년 기념, 독일 드레스덴 기조연설

편집자 주 힐베르트 드레스덴 시장이 참석한 가운데 개최된 드레스덴 국제 세미
나에서 고양시와 드레스덴 간의 교류 협력 및 DJ 통일 방안에 입각한 한반도
통일 방안에 대한 깊이 있는 학술토론회가 열렸으며, 본 원고를 토대로 한 최성
시장의 기조강연이 진행됐다.

드레스덴은 구 동독 민주화운동의 본산지이자 통일 독일의 실리콘밸리로 불리
는 핵심 지역이다. 최성 시장은 독일 통일 과정에서 10여 차례 독일을 방문해
베를린자유대학 연설과 독일 나우만 재단과의 간담회 등 통일 독일의 경험과
관련된 강연과 토론회를 가져왔다.

'평화통일특별시'
고양의 비전과
한반도 평화통일 10대 정책

'통일 독일 26주년'이 '분단 71주년' 한반도에 주는 교훈

기적과 같은 통일 독일의 주역이신 존경하는 힐베르트 드레스덴 시장님과 나우만 재단 라스-안드레 리히터 소장님, 역사적인 드레스덴 국제 세미나에서 기조강연을 기꺼이 맡아주신 대한민국 지방자치 분야 최고의 석학이신 조창현 소장님과 한양대 지방자치연구소 교수님, 그리고 존경하는 내외 귀빈 여러분.

정말 반갑습니다. 저는 남북 접경 지역이자 대한민국 10번째 100만 인구 도시, '평화통일특별시'를 지향하는 고양시의 최성 시장입니다.

한국의 지방자치와 민주주의 그리고 남북의 평화적 통일을 위해 모든 열정을 다 바치고 있는 대한민국의 시장으로서 이렇게 역사적인 통일 독일의 현장인 드레스덴 지역을 찾아 지방자치 연구에 가장 앞장선 나우만 재단과 함께 국제 세미나를 하게 되어 감개무량합니다.

올해는 남북이 일제로부터 나라를 되찾은 지 71년이 되는 해이지만, 아이러니하게도 수천 년 역사의 한민족 한겨레가 비극적으로 분단된 지 71년을 맞는 해이기도 합니다. 그것이 한반도의 현실입니다. 국제적인 냉전체제로 말미암아 세계대전을 경험한 국제사회에는 동서독, 남북 베트남, 중국과 대만, 남북 예멘 등 강대국에 의해 분단된 나라가 여럿 탄생했지만, 아직까지 지구상에서 자유로운 왕래조차 하지 못하는 분단국가는 한반도가 유일합니다.

지금으로부터 25년 전의 통일 독일은 국제사회에 엄청난 충격을 불러일으켰습니다. 미소 냉전체제가 과연 통일 독일을 허용하겠느냐 하는 논란과 맞물리며 한국의 통일보다 훨씬 어려운 상황으로 인식되었기 때문입니다. 하지만 독일은 통일되었고 지난 26년 동안 통일의 후유증을 거뜬히 해결했으며, 비록 IS 테러 및 국제적인 난민 사태, 그리고 영국의 EU 탈퇴 등 크고 작은 진통을 거듭하고 있지만 EU라는 새로운 유럽공동체의 중심 세력으로 급부상하였습니다. 혹자는 독일은 현재 역사상 최강대국의 지위를 유지하고 있다고 평가하기도 합니다.

그렇다면 통일 독일을 가능케 한 힘은 무엇일까요? 통일 독일 이후 정치군사적 갈등은 물론 다종다양한 사회문화적 후유증을 최소화시킬 수 있었던 힘은 무엇일까요?

그것은 독일의 성숙한 지방자치와 민주주의의, 민주시민 교육과 평화인권 교육의 뿌리 깊은 전통과 사회적 합의 때문이라고 생각합니다. 동서독 분단이 지속되는 상황에서도 브란트 전 수상의 신동방정책에 따라 지자체를 중심으로 동서독 간의 교류 협력이 꾸준히 진행되어왔던 점도 통일 독일을 가능케 했던 가장 큰 원동력이자 통일 후유증을 극복하는 데 핵심적인 저력이 되었다고 볼 수 있습니다. 통일 독일이 이루어지기 전에 동서독 간에는 60여 개 자치단체들의 상호 교류 협력이 이루어진 것으로 알고 있습니다. 안타깝게도 단 한 개의 지자체도 자매결연 등 상호 교류를 맺지 못한 남북한의 현실과 참으로 대조적입니다.

이렇듯 통일 독일의 경험에 비추어 봤을 때 평화통일을 위해 한반도가 나아가야 할 길은 바로 통일 독일의 경험을 창조적으로 계승하는 한국형 통일 모델을 새롭게 창출하는 데 있습니다. 그리고 그

대안적 모델을 제시한 분이 바로 노벨평화상을 수상한 김대중 전 대통령이셨습니다.

김대중 전 대통령은 대통령이 되기 전부터 브란트 전 수상의 신동방정책과 동서독의 교류 협력 과정, 그리고 서독 내의 지방자치와 민주주의 발전 등에 깊이 주목하면서 '민주주의와 평화통일은 동전의 양면'이라는 지론을 폈고 그에 따라 '무력적 적화통일과 일방적인 흡수통일 방식이 아닌 점진적 평화통일 방안에 입각한 햇볕정책'을 제시하였습니다. '따스한 햇볕이 지나가는 나그네의 외투를 벗긴다'는 이솝우화의 이야기를 토대로 했던 영국 런던대학에서의 연설이 김대중 전 대통령의 햇볕정책의 중요한 출발점이 된 일화는 유명합니다.

뿐만 아니라 통일 독일의 현장에서 베를린 선언을 통해 남북정상회담에 대한 의지를 밝혔고, 결국 한반도 냉전 구조의 해체를 위한 남북정상회담이 성사되는 데 이르렀습니다. 다음 정권인 노무현 정부까지 10년 동안 브란트의 신동방정책이라 할 수 있는 김대중의 햇볕정책은 지속되었습니다.

'고양형' 시민 참여 자치와 '평화통일특별시' 고양의 비전

남북 접경 지역에 위치한 인구 100만의 대도시인 고양시는 '평화통일특별시' 구상을 2011년 4월 영국 케임브리지 대학 강연을 통해 최초로 밝힌 바 있습니다.

이 구상은 우선 극단적인 남북 간의 군사적 대결 구조를 청산하기 위해 민주시민 교육과 평화인권 교육을 강화시키면서 지방자치와 민주주의를 성숙시키고자 노력하는 '고양형' 시민 참여 자치에서 출발합니다. 그 이유는 동서독과는 달리 강력한 중앙집권적 통치가 지배하고 있는 한국의 정치적 상황에서, 특히 북한 김정은 정권의 위험스러운 핵실험과 군사모험주의 노선, 박근혜 정부의 대북 강경 정책이 대치하고 있는 상황에서 한반도 평화통일을 위한 남북 지자체 간의 협력은 거의 불가능하기 때문입니다.

그럼에도 고양시는 고양형 시민 참여 자치 실현을 위해 주민의 참여를 활성화하기 위한 로드맵 작성에서부터 시 조례안 마련, 지속적인 민주시민 교육과 평화인권 교육의 추진, 다양한 마을 공동체 사업을 통한 평화인권 사업의 활성화, 그리고 국제적인 평화도시 네트워크 구축 및 국제적 평화통일운동 추진 등을 6년 동안 체계적으로 진행해왔습니다. 그 결과 전국 지방자치 분야에서 독보적인 위상과 호평을 받기에 이르렀습니다.

한편 어려운 여건 속에서도 자치단체 차원의 남북 협력 기금 조성 및 북한에 대한 인도적 유아용 밀가루 지원 사업의 추진, 850만 평 규모의 개발유보지역을 평화통일 경제특구 지역으로 만들고자 입법 추진하는 등 통일 한국에 대비하려는 중장기적 프로젝트를 착실히 진행해오고 있습니다. 이 밖에도 고양시에 소재한 김대중 전 대통령 사저의 평화인권 명소화 사업과 초중고 학생 및 시민을 위한 체계적인 통일교육벨트 사업 역시 내실 있게 추진하고 있습니다.

특히 올해 들어서 고양시는 연매출 70조를 거둔 판교 테크노밸리의 성공 신화를 재현할 경기 북부 테크노밸리와 대규모 방송영상 콘텐츠밸리를 유치하고 청년들의 일자리와 주거 공간이 함께 어우러지는 청년 스마트타운 조성 등 통일 한국에 대비한 대규모의 도시 발전 사업이 결정되는 중대한 국면을 맞이하게 되었습니다.

고양시는 향후 5조억 원 상당의 투자와 최소 20만 개의 일자리 창출이 예상되는 이러한 대규모 사업을 '통일 한국의 실리콘밸리 프로젝트'로 추진하며 대한민국 역사상 유례없는 평화통일특별시 비전을 실현하는 과정에 있습니다.

여기에서 '평화통일특별시, 고양'이라는 비전은 통일 한국의 행정수도를 고양으로 정하자는 단순 논리가 아니라, 남북 분단을 해소

하고 한반도의 냉전 구조를 해체하고 점진적으로 평화통일을 일구
어가는 지자체로서 통일 교육 및 3만여 명에 달하는 북한 이탈 주민
의 사회 통합 역할 제고 등 향후 통일 한국의 실질적인 구심점 역할
을 감당할 수 있는 다양한 하드웨어와 소프트웨어를 구축하는 특별
한 평화도시가 되겠다는 의미입니다.

김대중 대통령의 햇볕정책과 3단계 통일 방안의 핵심

김대중 전 대통령 서거 7주기를 맞이한 오늘의 한반도 현실은
북한의 4차 핵실험과 한국 내 사드 배치 등으로 인한 동북아의 군사
적 긴장 고조 및 한일 양국 정부 간 위안부 협상 결과에 대한 국민적
분노 등으로 김대중 전 대통령의 평화사상과 햇볕정책에 대한 재조
명의 필요성이 더욱 높아지고 있습니다.

김대중 전 대통령의 햇볕정책의 핵심은 튼튼한 대북 안보의 토
대 위에서 남북화해협력정책을 통해 한반도의 평화 정착을 일구며
궁극적으로 대한민국의 국제 경쟁력을 키워 나가기 위한 한반도 평
화경제론이라 할 수 있습니다.

따라서 '대북 퍼주기 정책'이라는 보수 진영 일각의 비판은 김대

중 전 대통령의 햇볕정책의 제1원칙이 확고한 대북 안보 태세 확립을 통한 전쟁 방지에 있다는 점에서 논리적으로 전혀 현실성이 없습니다. 통일 독일을 이룩한 서독에서 과거에 막대한 대동독 지원 정책이 추진되는 과정에서도 '이념적인 퍼주기 논란이나 정치 공세'가 없이 초당적으로 진행되었던 사실은 매우 의미 있는 일이 아닐 수 없습니다.

그런 점에서 최근 박근혜 정부 일각에서 혹은 국제사회에서 '김정은 정권 조기붕괴론이나 정권교체론'이 비중 있게 언급되고 있는 상황은 과거 부시 행정부 시절 미국의 안보 관련 주요 연구보고서 대부분의 결론인 '북한 정권이 급변 사태 혹은 흡수통일 등으로 조기 붕괴될 경우 한반도는 걷잡을 수 없는 대혼란에 빠지고 결국은 수천만의 인명을 살상하면서 천문학적인 통일 비용을 감당해야 하는 대재난으로 빠지게 된다'는 위험 시나리오를 감안하면 참으로 위험한 접근입니다.

특히 김대중 전 대통령의 3단계 통일 방안의 핵심은 무리하게 흡수통일을 시도해서 북한을 자극하고 남북 간 군사적 긴장을 고조시키는 방식보다, 현존하는 남북 간 위기를 적절히 관리함과 동시에 평화 지향적 번영 정책을 추진하며 점진적으로 현재의 남북화해협력 단계(1단계)에서 국가연합 단계(2단계)를 거쳐 장기적으로 평화통일국가(3단계)를 이룩한다는 데에 있습니다.

여기서 주목할 만한 사실은 김대중 전 대통령의 점진적 3단계 통일 방안을 실행하되 무리하게 단일적인 통일 국가를 추진하다가 베트남이나 한국전쟁 형태의 전쟁이나 혹은 극심한 통일 후유증을 겪는 일방적 흡수통일 방식을 지양해야 한다는 점입니다. 이런 이유로 기회 있을 때마다 김대중 전 대통령은 유럽연합과 흡사한 동북아 경제공동체, 나아가 정치군사적 공동체를 지향하는 국제적 평화 공존 방안에 대해서도 지대한 관심을 가졌던 것입니다.

따라서 통일 대박론에 기초한 조기 흡수통일적 발상이나 김정은 정권 붕괴 전략에 따른 대북 압박 정책 혹은 국내외적 봉쇄를 통한 북한 정권의 백기 투항 정책은 오히려 북한의 핵 개발을 부추기고 대외 도발을 강화시킬 위험성이 높다고 볼 수 있습니다.

이런 측면에서 볼 때 박근혜 대통령이 독일 드레스덴 연설을 통해 대북 인도적 지원 약속 등을 천명하고 혹은 다양한 대북정책 관련 발표를 통해서 평화와 통일 지향적 발언을 아무리 반복하고 강조한다 하더라도 실질적인 정책에 있어서 김대중 전 대통령 시절부터 추진해오던 남북 화해협력정책과 국제적 평화공존정책을 일관성 있게 추진하지 않는다면 그것은 큰 의미가 없습니다. 오히려 남북 관계 개선과 한반도 평화 정착에 결코 도움이 되지 않습니다.

물론 김정은 정권의 핵 포기와 6자회담 복귀 등 신뢰 어린 조처와 정책이 우선되어야 하지만 매번 북한에게만 책임을 전가할 수는 없기 때문입니다. 통일 이전 동독의 소극적인 평화정책에도 불구하고 서독 정부가 자신감과 일관성으로 대동독 평화정책을 수십 년 동안 꾸준히 추진한 사례를 보더라도 더욱 그렇습니다.

결론적으로 김정은 정권의 위험천만한 핵실험과 기타 대외 군사모험주의 노선을 중단시키고 개성공단을 부활시키며 남북 간 교류협력정책 추진을 통해 한반도에 평화를 정착시키기 위해서는 김대중 전 대통령의 통일철학과 대북 햇볕정책, 그리고 점진적 평화통일 방안에 대한 종합적인 이해와 그에 따른 일관성 있는 정책 추진이 선행되어야 할 것입니다.

국제적인 한반도 평화통일운동을 거듭 주창하며

한반도 평화통일을 위한 핵심 정책은 폐쇄적 민족주의가 아닌 국제사회와 공조하는 개방적 민족주의, 북한 핵 개발 저지는 물론 한반도의 평화통일을 위한 적극적 평화정책, 대한민국만의 민주주의와 인권 개선을 넘어 국제사회의 평화인권 상황의 개선을 위한 국제적 평화인권운동으로의 발전, 발전되고, 궁극적으로 강대국에 의해 야기된 남북 분단을 극복하고 동북아의 공동 번영과 세계 평화를 위한 국제적인 평화통일운동을 힘차게 전개하는 시발점이 되어야 할 것입니다.

여기에는 700만이 넘는 전 세계의 재외 한인 동포를 중심으로 하는 글로벌 한민족 경제문화공동체 또한 지대한 역할을 수행할 것입니다. 또한 '평화통일특별시' 고양을 중심으로 국제 평화도시 네트워크와 글로벌 한반도 평화통일 네트워크를 내실 있게 구축해 나갈 것입니다. 저는 이러한 주장을 오래전부터 기회가 있을 때마다 국제적으로 강력히 주창해왔습니다.

고양시를 중심으로 전개되는 국제적인 평화통일운동은 비단 남북의 평화적 통일뿐만 아니라 일본을 중심으로 하는 동북아의 군사 대국화 저지와 반역사적이고 반인권적인 일본군 위안부 피해자 문제의 해결과도 직결되어 있다는 점에서 매우 큰 의미를 지니고 있습니다.

뿐만 아니라 향후 김정은 정권이 4차에 걸친 핵실험을 무기로 북한을 '제2의 국제 IS 테러 단체화'할 위험성을 원천적으로 제거하고, 국제사회의 일원으로서 '핵 포기를 전제로 한 국제적인 대북 지원 프로그램'을 통해 동북아의 공동 번영, 세계 평화의 중심 지역

으로 혁명적 전환을 시도한다는 큰 의미를 갖고 있습니다. 그런 점
에서 통일 독일과 유럽연합의 경험은 모든 면에 걸쳐 매우 중요합
니다.

통일 독일 26년의 경험을 교훈 삼고 유럽연합의 성과와 한계를
자양분으로 하여 분단된 한반도 역시 국제적인 평화통일운동을 통
해 북한 핵을 포기시키고 남북이 화해와 협력의 과정을 거치게 되면
통일 한국의 실현도 결코 불가능하지 않을 것이라 확신합니다. 남과
북이 서로 화해 협력하고 사실상의 통일 단계인 남북연합 단계를 거
쳐 최종적인 통일 국가의 길로 가는 김대중 전 대통령의 점진적 통
일 방안을 오늘 이 시점에서 다시 한 번 진지하게 논의해보고 '행동
하는 양심'으로 실천적 방안을 검토해보는 것이 필요한 이유이기도
합니다.

또한 분단된 조국의 대통령과 남북 정상은 이러한 역사적인 평
화통일 정책을 철학과 비전을 가지고 추진해야 할 헌법상의 임무를
지니고 있습니다. 이런 점에서 2017년 12월 대선이 북핵 저지와 남
북 공동 번영, 그리고 한반도 평화통일에 있어 매우 중요한 전환점
임은 두말할 나위가 없습니다.

경청해주셔서 감사합니다.

폐기될 것은 햇볕정책이 아니라 대북봉쇄정책이다

편집자 주 "색깔론과 전쟁불사론에 입각한 전면적인 대북봉쇄정책은 제2의 핵
IMF를 불러올 위험이 있다"

북핵실험의 와중에서 한나라당의 전여옥 의원이 참여정부를 핵맹(核盲) 정권이
라 성토하면서 대정부질의를 마친 이후 뒤이어 등단한 최성 의원은 북한의 핵
실험 중단, 핵 폐기 절차 이행과 더불어 지속적인 남북 화해협력정책이 필요함
을 역설했다. 2006년 11월 이종석 장관을 상대로 한 최성 의원의 대정부질의
과정에서 남북문제 전문가 사이에 심층적인 대북정책 토론이 이어졌다.

10년 전 최성 의원의 주장이지만 트럼프 미 대통령 당선 이후 한반도의 군사적
충돌위험성을 예견한 탁월한 대정부 질의였다.

최성 의원 통일부 장관님께 질의하겠습니다.

딕 체니 부통령과 럼즈펠드 전 국방부 장관 등 부시 행정부의 핵심 실세, 좀 더 구체적으로 말하면 미국의 네오콘 그룹에 의해서 세워졌다고 해도 과언이 아닌 미국 외교안보정책센터가 금년 6월에 작성한 '김정일 정권의 교체 전략'이라는 보고서의 내용을 보면 "북한에 대해서 금융 압박을 가하면 북한은 핵실험이나 추가 도발을 할 것이다." 이렇게 전망하고 있고요, "북한의 인권 문제와 탈북 문제를 가속화시켜서 평양을 패닉 상태로 몰아가면 북한 정권을 붕괴시킬 수 있다."는 엄청난 김정일 정권 교체 전략을 예상하고 있는데, 어떻게 생각하십니까?

통일부장관 이종석 대단히 위험스럽고 모험주의적인 발상이라고 생각합니다. 지금 북한이 붕괴될 때 특히 우리 한국 사회는 엄청난 위험에 빠질 것입니다.

다들 아시겠지만 북한 사회 내에서의 여러 가지 정변 또는 사회 변동이 우리한테 미칠 영향도 대단히 위험하고 그렇지만 수많은 피난민이 나왔을 때 한국 사회 노동시장이 교란돼서 그것은 우리 경제가 감당 못할 것이고, 특히 한국이 아직까지 북한에 대해서 충분한 정도의 영향력을 행사하지 못하는 이 상황에서 그런 일이 발생했을 때는 국제사회가 이 문제에 개입하게 되어서 우리의 통일은 상당히 불안정하게, 아주 정말 어렵게 될 가능성이 큽니다.

최성 의원 다음의 주장과 보고서 내용은 더욱더 충격적입니다.

클린턴 행정부 시절에 국가안보특별보좌관이었던 케네스 리버살은 북한이 정권 교체가 될 경우 "북한 내부의 군부 쿠데타로 인해서 군부 간에, 테러 집단 간에 외국군과의 국지전 가능성이 높다."고 분석을 했고요, 미국 의회의 한 기관인 FCNL(바른 입법을 위한 친구들 위원회)에 따르면 김정일 정권이 교체될 경우 붕괴 이후의 혼란으로 수십만이 죽고 테러 집단이 창출되고 가장 우려스럽게도 핵무기를 테러 집단에 넘길 것으로 예상하고 있습니다.

지금 미국의 네오콘을 중심으로 해서 실질적으로 김정일 정권의 교체 전략이 추진되고 있고 또 우리 국내에서도 일각에서는 문제가 많은 김정일 정권, 차라리 교체시켜버리자는 대단히 위험스러운 북한 체제 조기 붕괴론이 추진되고 있는데 이러한 전략이 북핵 폐기, 한반도 평화에 도움이 된다고 보십니까, 심각한 혼란을 초래해서 전쟁 상황으로 치닫거나 제2의 핵 IMF를 맞이할 수 있는 그런 위험스러운 상황으로 진전되리라고 보십니까?

통일부장관 이종석 대단히 위험스러운 발상이라고 말씀을 드렸고요. 특히 북핵 폐기라는 현재 당면한 핵심 최대 과제를 해결하는 데 전혀 도움이 되지 않는다고 생각합니다.

지금은 집중해서 북한 핵을 폐기하는 데 모든 전력을 기울여야 하고 그런 차원에서 또한 우리가 전략들을 짜야 되는 것이지 이런저런 다른 얘기를 하면 안 되고요.

특히 제가 걱정하는 것은 어떤 정권이나 체제에 대해서 도덕성의 잣대를 가지고 문제를 삼고 개입한다는 것은 우리같이 특히 아주 불안정하게, 살얼음판 같은 그러한 평화를 유지해 나가는, 안정을 유지해 나가는 우리 남한으로 볼 때는 이것은 대단히 위험한 것이다 이 점을 강조드리고 싶습니다.(중략)

최성 의원 골드만삭스(Goldman Sachs), 무디스(Moodys), S&P 등 해외의 저명한 국제 금융기관과 랜드(RAND) 연구소 등 국제적인 안보 연구소는 만약에 북한 정권이 붕괴되었을 경우, 만약에 북한에 대해서 선제공격이 이루어졌을 경우, 만약에 한반도에 급변 사태가 이루어졌을 경우 통일 비용을 포함해서 한국 경제가 감당할 경제적 비용을 최저 191조, 최대 3045조까지 필요하다고 예상하고 있습니다.

이것은 다시 말해서 북한에 지원한 현금이 10년 동안 2조냐, 8조냐라는 논란이 중요한 것이 아니라 북핵 위기관리를 잘못해서 만약에 한나라당이 대체로 지지하고 있는 전면적 봉쇄, 김정일 정권의 교체가 추진될 경우 실제로 참으로 엄중한 군사적 혼란, 경제적인 비용 부담이 오리라고 보는데, 이런 부분에 대해서 이제 곧 장관을 떠나는 마당에 국민 앞에, 국회에 무슨 이야기를 할 수 있겠습니까?

통일부장관 이종석 지금 말씀드린 것은 다 진실에 가깝다고 생각합니다. 북한의 급변 사태나 정권 교체로 인한 붕괴가 일어나면 우리가 엄청난 경제적 비용을 부담하게 되고 아마 그것으로 끝나지 않을 겁니다.

그런 점에서 지금 이 시점에서 가장 중요한 것은 상대방 체제의 선악의 문제가 아니고, 평화 정착을 통해서 점진적으로 우리가 통일을 실현해가는 것 이것이 우리의 국가 전략이고, 또 국가 이익이라는 점에 대해서 우리 공동체가 합의를 봐야 된다고 생각을 합니다.

최성 의원 감사합니다. 학계에 돌아가셔서 남북 화해협력론자로서의 소신을 마음껏 발휘하시기 바랍니다.

존경하는 국민 여러분!

한나라당의 대북 강경책은 한반도에 전쟁 위험성을 높일 뿐만 아니라 감당할 수 없는 대한민국 경제의 혼란을 초래해서 제2의 IMF를 초래할 수 있는 매우 위험한 정책입니다.

지지율 40퍼센트라는 오만에 찬 한나라당이 한나라당의 전신이었던 지난 신한국당 시절 IMF 국가 부도 사태가 오기 직전까지도 한국 경제 아무런 문제 없다고 강변했습니다. 그리고 IMF로 인한 모든 사회·경제적 문제를 국민의 정부와 참여정부 탓으로 돌리고 있습니다. 지금 오늘 이 순간 한반도의 전쟁 위험이 그 어느 때보다도 높고 북핵 위기관리를 잘못하게 되면 대한민국에 핵 IMF가 올지도 모르는 엄중한 상황을 한나라당은 간과하고 있습니다.

지금 폐기되고 수정해야 될 것은 한반도 평화를 위한 남북 화해 협력정책이 아니라 전쟁 불사론에 입각한 한나라당의 위험스러운 대북봉쇄정책입니다.

경청해 주셔서 감사합니다.

대통령의 평화경제
●장소 : 국회 귀빈식당   ●주관 : (재)김대중기념사업회
박주선
최성

4장

일본군 위안부 피해자 할머니의
인권 문제 해결과
유엔 평화인권기구의
대한민국 유치 필요성

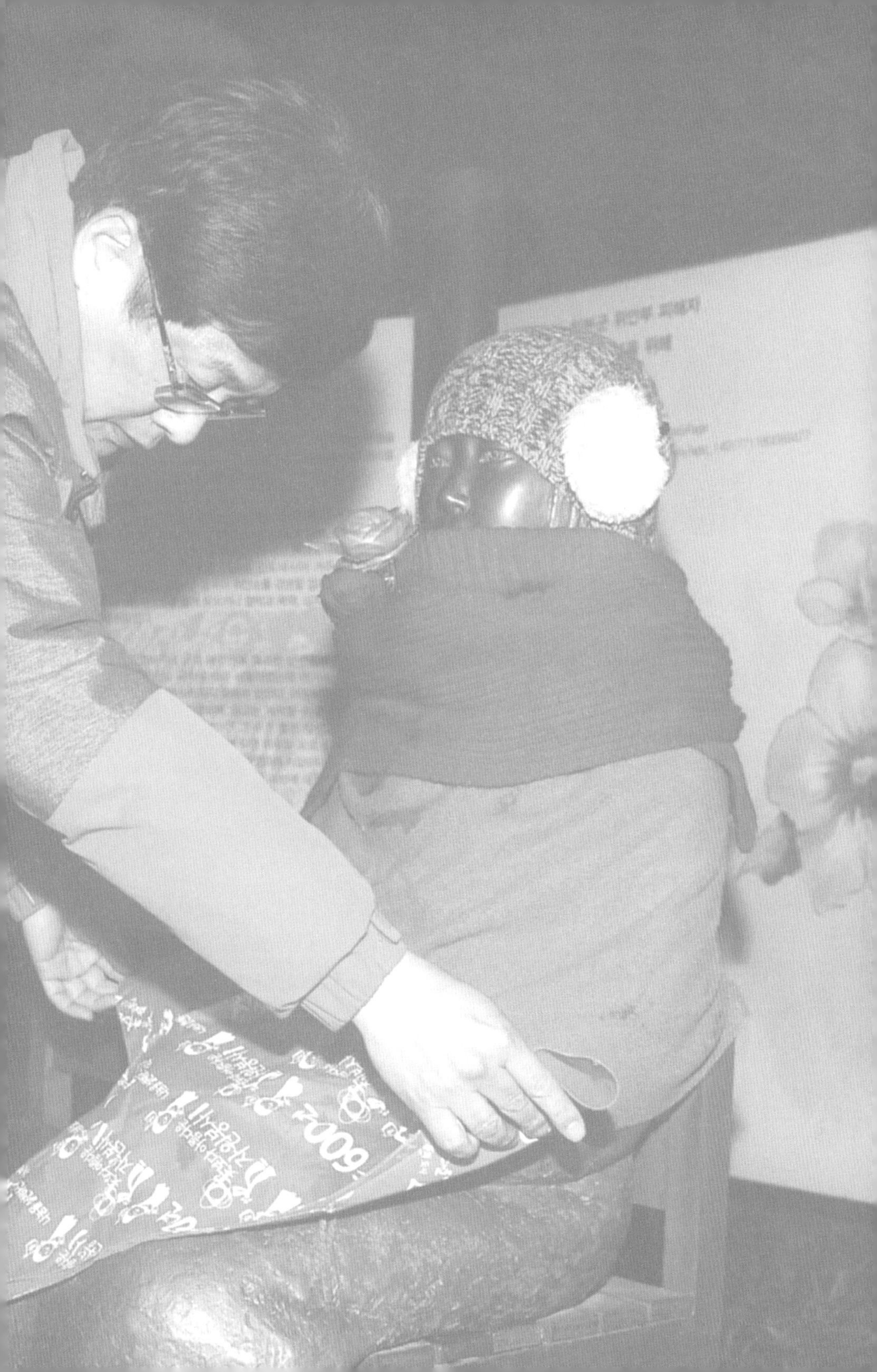

유엔 본부 앞 국제세미나에서 일본군 위안부 문제 해결을 위한
유엔의 적극적 역할을 반기문 총장에 촉구한 최성 시장

북한 핵 문제와
일본군 위안부 피해자 문제 해결 방안

한반도 평화와 일본군 위안부 문제에 특별한 관심을 갖고 계신 내외 귀빈 여러분!

저는 대한민국 10번째 100만 인구 도시이자 국제적인 평화인권의 도시를 지향하는 경기도 고양시의 최성 시장입니다.

유엔으로부터 '국가권력에 의해서 반인륜적으로 이루어진 일본군에 의한 성폭행 사건'이자 '일본군 성노예 피해자'라는 역사적 평가가 오래전에 명백히 내려졌음에도 불구하고 위안부 어르신의 문제는 지금까지 어느 것 하나 해결되지 못했습니다.

오히려 한일 당국은 피해 당사자인 일본군 위안부 어르신과는 일체의 논의도 없이 외교적 합의를 시도했고, 나눔의 집을 비롯한 6

개 위안부 관련 인권단체 연합은 이에 대해 '피해자들의 명예와 인권을 철저히 배신한 외교적 담합'(2015.12.28.)으로 전면 부정하고 있습니다.

뿐만 아닙니다. 유족회는 '피해자들은 개인의 청구대리권을 정부에 부여한 적이 없기에 기본권을 침해한 위헌적 요소가 있는 불법적 합의문'(2016.2.27.)이라는 공식 입장을 밝힌 바 있습니다.

이제 대한민국의 경우만 하더라도 위안부 어르신들은 44분만 생존해 계십니다. 이분들이 살아 계신 동안, 아니, 연내에 반드시 위안부 문제에 대한 근본적 해결을 이루어야 합니다. 이런 목적에서 유엔 평화인권기구의 한국 유치와 일본군 위안부 문제 해결을 위한 유엔 국제회의를 기획하게 되었고, 국제적인 평화인권의 도시를 지향하는 고양시는 뉴욕과 워싱턴 등 미국을 일본군 위안부 어르신들과 함께 방문하기에 이른 것입니다.

평화와 인권은 어느 것 하나 소홀히 여겨질 수 없는 것입니다. 한반도 평화와 동북아의 인권은 반드시 함께 개선되어야 합니다. 북한 핵 문제의 해결 없이 한반도의 평화는 완성될 수 없으며, 일본군 위안부 문제의 근본적 해결 없이 동북아의 평화와 인권은 요원할 뿐입니다.

북한의 열악한 인권 상황을 그토록 비난하는 일본 아베 정권이 어떻게 일본군이 저지른 반인륜적인 국가적 성폭행 사건을 은폐하고 오히려 피해자들을 '매춘부'라고 부르는 우익들의 패륜적 비난에 동조할 수 있다는 말입니까?

일본의 아베 총리는 당장 '나눔의 집'으로 직접 와서 위안부 어르신들 앞에 무릎 꿇고 사죄해야 합니다. 그것이 위안부 문제 해결의 첫 출발점입니다. 여러분, 동의하십니까?

일본군 위안부 문제의 근본적 해결 방안

앞서 언급한 것처럼 일본군 위안부 문제는 무엇보다도 먼저 피해 당사자인 위안부 어르신의 입장이 가장 중요하다고 생각합니다. 그런 점에서 지난 한일외교장관회담에서의 박근혜 대통령과 아베 총리 간 합의에 대한 일본군 위안부 관련 단체의 입장은 곧 일본군 위안부 문제의 근본적 해결의 출발이 되어야 할 것입니다.

당시 표명된 입장은 다음과 같습니다.

첫째, 아베 총리는 일본 정부를 대표해서 직접 사죄해야 한다.

둘째, 일본 정부는 범죄의 가해자로서 명백한 법적 책임에 대한 인정과 배상 등 후속 조치를 적극적으로 이행해야 한다.

셋째, 일본 정부는 책임자 처벌과 재발 방지 대책 마련을 위해 철저한 진상 규명과 전후 세대를 위한 역사 교육 등의 성실한 노력을 수행해야 한다.

넷째, 이를 바탕으로 기존의 한일 정상 간 합의는 위안부 어르신의 입장을 철저히 배신한 것으로 위헌적이며 외교적 담합에 의한 것으로 전면 무효이며 소녀상 이전 역시 결코 있을 수 없는 일이다.

위 입장은 2014년 아시아연대회의의 입장과 동일하며 한국의 위안부 관련 단체의 통일된 의견이기도 합니다.

따라서 저는 이를 국내에서 법적·행정적으로 강력히 추진하기 위해 20대 국회에서 '위안부 피해자 및 일본군 강제 동원 피해자 권리 회복을 위한 특별법'을 제정해야 한다고 주장하는 바입니다. 20대 국회가 개원하면 나눔의 집 등 위안부 관련 단체와의 협의를 통해 공식적으로 요청할 것입니다. 특히 이번 총선 결과 더불어민주당을 비롯하여 국민의당, 그리고 정의당이 절대 다수 의석을 차지하였기에 더욱 용이할 것으로 보입니다.

더불어 아베 총리가 유엔이 인정한 국제법적인 인권 유린 행위를 명백히 인정하지 않고 일본의 정치인들 및 우익 일부와 함께

'매춘부' 운운하며 일본군 위안부 어르신들의 인권과 명예를 지속적으로 훼손할 경우 유엔 차원의 반인권 실태 조사 및 유엔 결의안 채택을 위한 강도 높은 국제적 연대 운동을 지속적으로 전개할 것입니다.

유엔 평화인권기구의 대한민국 유치 필요성

현재 유엔 사무국은 미국(뉴욕), 스위스(제네바), 오스트리아(빈), 케냐(나이로비)에 설치되어 있습니다. 뉴욕은 본부 역할, 스위스 제네바는 인권·보건·무역·노동 관련 기능을 하고, 오스트리아 빈에서는 군축·핵·안보·난민·국제법 관련 기능을 하며, 케냐 나이로비에서는 환경·거주 등의 역할을 하고 있는 것으로 알고 있습니다.

하지만 대한민국을 포함한 45개국 45억 명의 인구가 함께하는 아시아에는 절대적 빈곤과 심각한 전쟁 위협, 일촉즉발의 국가 간 분쟁의 조짐 등이 다양한 위기적 형태로 나타나고 있으나 북핵 개발 저지와 한반도 평화 정착 그리고 역내 인권 상황 개선을 위한 유엔 사무국이 존재하지 않는 안타까운 상황입니다.

다만 태국과 일본 등에 유엔 관련한 개별적 기구들이 존재할 뿐입니다. 아시아는 내부의 영토 문제, 중국·일본·러시아의 영토 문제, 북한의 핵 개발 문제 등 여러 가지 분쟁과 갈등이 현존하고 있는 곳입니다. 또한 북한, 미얀마 등 저개발 국가의 발전과 관련된 중요한 과제들이 있는 곳이 아시아입니다.

따라서 아시아, 특히 향후 북핵 문제를 포함한 중요한 국제적 분쟁의 새로운 화약고가 될지도 모르는 한반도에 유엔 사무국의 설치는 매우 중요하다고 봅니다. 동북아의 새로운 화약고가 될 수 있는 이 지역에서 실질적으로 아시아 평화의 문제, 동북아 공동 발전의 문제를 종합적으로 관리하고 지원할 유엔 사무국이 그 어느 때보다 필요합니다.

세계 인구의 64퍼센트가 살고 있으며 전쟁과 인권 문제, 빈부 격차, 테러와 갈등으로 얼룩져 고통 받는 아시아에서 인권·평화와 공존의 평등권을 실현하는 유엔 사무국 필요성은 절실히 요청되고 있습니다. 아시아의 평화가 전 지구적 세계 평화에 절대적인 전제 조건이며 한반도의 평화가 45억 아시아인의 행복한 삶의 필요조건임을 인지할 때 유엔 사무국의 한반도 설치는 세계 평화와 안전에 직접적인 기여 가능성이 있으며, 향후 책임 있는 국제사회의 역할을 확대하기 위해 대한민국의 참여가 어느 때보다 강조되고 있다고 생각됩니다.

국제적 평화인권의 도시,
고양시에 유엔 평화인권기구가 필요한 이유

최근 한국에서는 고양시를 중심으로 유엔 사무국의 대한민국 유치와 관련한 범국민추진위원회가 설치되었습니다. 또한 한국뿐만 아니라 일본과 중국 등 유엔 관련 석학 및 전문가들 역시 국제학술회의를 통해 대한민국 유엔 평화인권기구의 설치가 매우 의미 있다고 밝힌 바 있습니다.

특히 국제적인 평화인권도시 고양시에는 킨텍스라는 국제적인 전시 시설이 있고, 남북의 접경 지역이자 김포공항과 인천국제공항, 경의선 철도 등 지정학적 위치가 맞닿아 있어 세계 평화와 아시아 평화를 위한 유엔 기구 유치에 최적지이고 역사적으로도 아주 의미 있는 장소라고 생각합니다.

고양시는 북한의 개성과 거리상으로 50킬로미터 정도 떨어신 접경 지역으로 대한민국에서 10번째로 100만 도시에 진입하였고, DMZ 접경 지역으로서 민간 참여의 평화도시 네트워크가 가장 활발하게 추진되고 있으며, 통일된 한국의 실질적 수도 역할을 할 수 있도록 '고양 평화통일특별시'의 비전을 착실히 실천하고 있습니다.

따라서 다양한 토론을 통해 고양시민들이 중심이 된 유엔 사무국의 대한민국 고양 유치에 대해 유엔 차원에서 의미 있게 논의되길 희망합니다. 가능하다면 최근 진행되고 있는 유엔 차기 사무총장의 인선을 둘러싼 청문회 과정에서 동 사안이 비중 있게 논의되기를 희망하고 제안합니다. 세계 평화와 아시아 평화를 위한 유엔의 적극적 역할을 위해서는 과감하게 기존의 유럽 중심적이며 서구 중심적인 과도한 기구의 집중에서 탈피해야 합니다. 아시아에서 유엔 사무국의 적극적인 기능과 역할 부재에 대한 유엔 차원의 혁신이 일어나길 희망합니다.

한반도 평화통일과 일본군 위안부 문제 해결을 위한 '글로벌 SNS 평화인권운동'을 제안하며

평화와 인권 존중의 신평화통일운동은 한반도에 평화를 정착시키고 세계 각지에서 진행되는 각종 갈등과 분쟁을 국제적으로 평화적으로 해결하는 운동입니다. 트위터, 페이스북, 유튜브 등 SNS를 통해 전 세계의 참여를 이끌어내는 국제적 네트워크를 구축할 것입니다. 이 자리에 계신 여러분의 적극적인 동참을 호소합니다.

고양시는 국제적 평화인권도시이자 수십만 팔로워를 보유한 SNS 소통 대한민국 최고 도시로서, 국제적으로 제2의 SNS 3 · 1운동을 추진하여 현재 약 22만 명의 위안부 문제 해결 촉구 서명을 받았습니다. 이번 뉴욕 방문 기간 동안 반기문 유엔 사무총장님께 전달할 계획입니다.

경청해 주셔서 감사합니다.

2분 20초
https://youtu.be/Xye9_I4dOxg

1992년 김학순 할머니의 최초 증언으로 시작된 일본군 '성노예' 피해사건이 세상에 드러난지 20년이 넘는 세월이 흘렀다. 할머니들의 생생한 증언은 아직도 계속되고 있지만, 아직도 일본의 사죄는 이루어지지 않고 있다. 최성 시장은 지자체에서는 최초로 일본군 위안부 피해자 권리회복을 위한 서명운동, 위안부특별법 추진 등 위안부 피해자 문제해결을 위해 지속적 활동을 해오고 있다.

Japan! Apologize to
"Enforced Sex Slaves"

Abe!
Make an Apology & Compensation!
Punish the criminals for Sex Slaves!

UN!
Do implementation of 'comfort women'
resolution faithfully!

President Obama!
Pay attention and
Join to solve the Sex Slaves Pb.

Please sign
the Petition!
Japan must apologize to
"Enforced Sex Slaves"

We call for the Japanese government
to make an official apology
and compensate to the sex slaves!

Please sign
the Petition!

 유엔 본부 앞 피켓 시위. (왼쪽부터) 강일출 할머니, 최성 시장, 최성 시장의 양어머니인 이옥선 할머니, 나눔의집 안신권 소장. 이 날 할머니들은 반기문 당시 유엔사무총장에게 일본군 위안부 피해자 문제 해결을 눈물로 호소했다.

일본군 위안부 피해자
권리 회복을 위한 공동성명서

평화와 인권을 사랑하는 세계 시민 여러분!

오늘 우리는 참혹하게 짓밟힌 우리 위안부 피해자들의 인권을 주장하기 위에 세계 평화와 인권의 상징, 유엔 본부 앞에 나왔습니다.

이미 우리는 지난 12월 28일 피해 당사자인 우리들과의 어떠한 논의도 없이 이뤄진 한일 간 합의에 대해 '피해자들의 명예와 인권을 철저히 배신한 외교적 담합'이라고 전면 부정했으며, '기본권을 침해한 위헌적 요소가 있는 불법적 합의문'이라는 입장을 지난 2월 27일 공식적으로 밝혔습니다.

그러나 지금 우리 위안부 피해자들에겐 어떠한 변화도 일어나지 않았습니다. 다만 치욕과 고통, 한을 풀지 못하고 한 명씩 죽어 나가고 있습니다. 이제 단 44명만이 살아 있습니다.

이에 우리는 세계의 평화와 인권을 역행하는 일본의 반인륜적 행태, 일본 정부와 일본군 등 국가 권력이 관여한 반인도적 불법 행위를 고발하고 그에 대한 국제사회의 해결 의지를 촉구하기 위해 우리의 입장을 재천명하고 새로운 의지를 밝히고자 합니다.

우리의 요구 사항은 다음과 같습니다.

1. 아베 총리는 위안부 강제 동원 사건의 피해자들에게 '일본 국가를 대표하여 진심으로, 그리고 공식적으로 사죄'해야 합니다.

2. 아베 총리는 '위안부 피해자에 대한 합당한 법적 배상을 이행하고 법령의 정비 등 재발 방지를 위한 다양한 대책을 마련'해야 합니다.

3. 일본 정부는 위안부 피해자 문제를 비롯한 일본의 역사적 만행을 현재와 미래의 세대에 그대로 전하고, '역사 교과서 기술 등 올바른 역사 교육을 통해 교훈과 반성의 사료로 활용'해야 합니다.

4. 유엔과 국제사회는 앞장서서 일본과 아베 총리의 위안부 피해자 문제 해결을 지속 권고하고, 진정성 있는 해결 의지를 보이지

않을 경우 '유엔 차원의 반인권 실태 조사 및 강도 높은 유엔 결의안'을 채택할 것을 강력히 촉구합니다.

5. 대한민국 20대 국회는 '위안부 피해자 및 일본군 강제 동원 피해자 권리 회복을 위한 특별법 제정'을 추진해야 합니다.

한 명이라도 더 살아 있을 때 일본 정부의 국가적 책임 이행이 실현돼야 합니다. 세계의 시민사회가 올바른 노력을 더욱더 경주해 나가야 합니다. 국제사회에서 평화와 인권을 사랑하는 시민들께서는 '일본군 위안부 문제의 근본적인 해결을 위한 국제적인 SNS 평화인권운동'에 적극 동참해 주십시오.

하나의 작은 서명으로 위안부 피해자들의 한을 풀어줄 수 있습니다. 여러분의 힘이 필요합니다. 도와주십시오.

2016년 4월 15일

나눔의 집 · 최성 고양시장 외

최성 고양시장, 위안부 피해자 권리회복을 위한 UN본부 앞 시위

반기문 UN사무총장님께서도 일본군 위안부 문제에 대한
아베 총리의 망언과 일본의 UN결의안 불이행에 대해서

1분 17초   https://youtu.be/6YfmgnedH2I

2016년 4월 15일 뉴욕 UN본부 앞. 이옥선 위안부 할머니와 아베총리 규탄 공동성명서를 발표하고 위안부 문제 해결을 위한 22만 명의 범국민 서명운동 서명부를 유엔에 전달하였다. 이후에도 최성 시장은 워싱턴 백악관 앞에서 시위를 이어갔다.

이옥선 할머니가 반기문 유엔 사무총장에게 보내는 편지

"반기문 총장님! 제발 우리의 한을 풀어주세요! 아베 총리의 진심 어린 사죄가 우리가 원하는 전부에요." 일본군 위안부 피해자 이옥선 할머니는 뉴욕에서 열린 유엔평화인권기구 유치 및 위안부 세미나에서 직접 작성한 편지를 통해 위안부 문제 해결을 위한 반기문 총장의 역할과 국제사회의 관심을 호소하였다.

"반기문 유엔사무총장은
위안부 피해자 할머니들에게
공개적으로 사과하고 해명해야 합니다."

일본군 위안부 피해자 할머니들께서 모여 살고 계신 나눔의집의 안신권 소장은 2016년 4월 최성 시장과 이옥선·강일출 할머니가 참석한 가운데 열린 뉴욕 국제회의에서 "반기문 유엔사무총장은 일본의 전쟁범죄와 인권유린에 동조한 것과 다름없다"며 공개 사죄와 정식 해명 등 양심있는 해법 마련을 촉구했다. 다음은 뉴욕 국제회의 당일 안신권 소장의 기조발제를 발췌, 요약한 것이다.

바쁜 와중에도 나눔의 집에 수차례 방문하시고, 또 수시로 할머니를 고양시로 초대하셔서 위로해주시는 최성 시장님은 정말 따듯한 인간미를 넘어 가족적인, 한마디로 할머니들의 아들 같다는 생각이 듭니다.

여러분, 아무리 강조해도 지나치지 않는 말은 인권입니다. 인권의 소중함이요. 할머니들의 문제가 해결될 수 있도록 꼭 도와주세요. 반드시 이 문제는 할머니들이 살아계실 때 해결해야 됩니다.

이렇게 할머니들이 (12월 28일 한일 위안부 합의에 대해) 1월 13일 수요집회에서 공개적으로 무효를 선언했고, 14일에는 시민연대가 발족이 됐으며 또 4월 27일에는 헌법재판소에 할머니들이 소송을 제기했습니다. 헌법에 보장된 기본권을 침해당했다고 말입니다. 그 기본권은 무엇이냐. 알 권리, 인간의 가치와 존엄성을 훼손당하고 행복추구권을 박탈당했다는 것이죠.

유엔은 일본군 위안부 피해자 문제를 명확히 규정하고 있습니다. 전쟁범죄이며 인권유린이라고 말입니다. 그리고 일본 정부의 공식 사과와 법적 배상을 요구했죠. 그런데 반기문 유엔 사무총장이 이에 반하는 행동을 한 겁니다. 유엔 사무총장이 동조했습니다. 양심이 있는 유엔 사무총장이라면 피해자에게 공개적으로 사죄하고 정식으로 해명을 해야 됩니다.

이옥선 할머니가
반기문 총장께 드리는 호소문

우리들 지금 마흔네 명 살아 있어요.

철모르던 소녀들 전쟁터로 끌고 가 잔인하게 짓밟고 핍박했어요. 셀 수 없는 소녀들이 매질, 총질, 칼질 당해 죽어 나갔고요. 우리들이 위안소를 뭐라고 부르는지 아세요? 도살장이라고 불러요.

그리고 이제 그 소녀들 수십만 명이 다 죽고 마흔네 명 남은 거예요. 그렇게 시간이 흘렀는데도 우리 목소리 듣지 않아요.

한 명 죽을 때마다 이 가슴이 어떻겠어요? 우리는 꼭 사죄를 받아야 합니다. 돈 몇 푼 되지 않는 것으로 우리들 입 막으려고 하는데, 절대 못합니다. 절대 안 돼요.

일본 정부의 진심 어린 사과 없이는 이대로 못 죽어요. 한평생

반기문 전 유엔사무총장에게 위안부 문제 적극 해결을 호소하는 이옥선 할머니

맺힌 한 풀지 못하고 수많은 피해자들 죽어 나갈 동안 아무것도 바뀐 게 없어요.

　도와주십시오. 부탁입니다. 여러분!

그 날의 기록
4

일본 아베 총리의 종군위안부 망언을 규탄한다!

국회의원 시절 주한 일본대사관 항의 방문

"계속 일본의 양심과 진실만 희망하고 기원하겠다는 겁니까?"

일본 아베 총리의 일본군 위안부 망언을 비롯한 독도 영유권 논란 등에 대해 최성 의원은 분노한다. 자비를 들여 야스쿠니 신사를 비디오로 찍어 오고, 독도 망언 결의안을 제출하는가 하면, 일본군 위안부특별법 제정을 추진 중이다. 정부의 안이한 인식에 대한 최성 의원의 질타는 2007년 4월 국회에서도 계속되었다.

Japan! Apologize to
nforced Sex Slaves"
e!
ke an Apology & Compensation!
nish the criminals for Sex Slaves!
!
implementation of 'comfort women'
solution faithfully!
esident Obama!
y attention and
oin to solve the Sex Slaves Pb.
Please sign
our Petition!

5장

청년이 살아야
대한민국이 산다

대한민국 청년의 현실과
고양 청년 스마트타운의 비전

고양시의 청년 주거-일자리 정책은?

대한민국 청년들의 주거와 일자리 현실은 참으로 암담하다.

국토부와 한국감정원 자료에 따르면 젊은 계층이 내 집 마련에 걸리는 시간은 약 7년으로, 이것도 평균 소득(약 3200만 원)을 한 푼도 쓰지 않고 저축해서 전국의 주택 평균 가격(약 2억 4000만 원)에 해당하는 집을 마련할 경우 가능하다.

2030 세대의 전월세 비율도 국토부 자료에 따르면 2008년 26.5퍼센트에서 2014년에는 무려 36.4퍼센트로 전체 인구 비율의 1.5배 수준이다.

청년들의 일자리 창출과 관련한 상황을 보더라도, 통계청의 고용 동향에 따르면 2015년 11월 청년층(15세~29세)의 실업률은 8.2퍼센트로, 이 중에서 장기 실업자가 무려 44퍼센트를 차지하고 있어 '헬조선', '3포 세대'라는 단어가 그냥 나온 것이 결코 아님을 알 수 있다.

따라서 청년들의 주거와 일자리 문제를 근본적으로 해결하기 위해서는 일시적인 청년 수당과 같은 미봉책이 아닌 보다 종합적인 대책 마련이 시급하다고 할 수 있다.

먼저 대한민국의 청년들이 처한 주거, 일자리, 복지, 문화 등에 대한 객관적인 실태 조사와 청년들의 수요 조사가 필수적이다. 아무리 좋은 정책이라 하더라도 청년들의 요구와 무관하면 안 되기 때문이다. 서울시가 추진한 반값 등록금 제도에 대한 서울시립대 학생들의 반대 성명이 대표적인 예다. 성남시 등에서 추진한 청년 수당의 경우도 혜택을 받는 청년들에게는 우선적으로 환영받겠지만, 같은 비용으로 보다 효과를 극대화시킬 수 있는, 보다 장기적이고 근본적인 청년 대책이 청년들의 입장에서 마련되어야 한다.

둘째, 청년들의 주거 및 일자리, 문화와 복지는 개별적이거나 독자적으로, 혹은 중앙정부와 지방자치단체가 산발적으로 진행할 것이 아니라 국가적 차원에서 보다 종합적이고 체계적으로 추진해야 한다. 이 과정에서 지방자치단체가 해당 지역 청년들의 다양한 요구와 상황을 감안하며 적극적으로 추진할 수 있도록 자치분권 차원에서 혁신적인 청년 정책이 수립되어야 한다. 바로 이런 이유 때문에 과도하게 중앙에 집중된 현재의 헌법 체계는 혁신적인 자치분권 형태로 개헌되지 않으면 안 된다.

서울시에서 공공근로형 신규 일자리 사업의 일환으로 추진하는 청년뉴딜사업이나 성남시에서 100만 원 정도의 청년 수당을 전용 상품권으로 지원하는 청년배당제도의 경우처럼 보건복지부의 반대를 무릅쓰며 대법원까지 가는 법정 분쟁을 거치는 행태는 적절치 않다고 본다.

각 지자체가 독자적으로 추진하는 다양한 형태의 청년 정책을 중앙정부는 적극적으로 지원하고 장단점을 보강함으로써 전국적으로 청년의 주거와 일자리, 복지-문화가 함께 어우러질 수 있는 융복합적 지원이 되어야 하며, 그런 점에서 심각한 청년 문제의 해결을 전담할 청년지원청 설립도 검토할 필요가 있다.

셋째, 청년들의 주거와 일자리 문제, 그리고 교육과 복지 문제를 종합적으로 해결하기 위해 고양시에서 추진하는 '고양 청년 스마트타운'을 전국적으로 확대 추진할 필요가 있다.

고양시에서 추진되는 청년 스마트타운 정책은 청년층의 주거 안정을 위한 계층별 맞춤형 특화 단지 조성과 지역 발전을 위한 청년층 일자리 창출 공간 조성을 사업 목적으로 하고 있다.

청년 스마트타운에 도입될 주요 시설은 우선 청년 주거 시설로 신혼부부(1600호), 사회 초년생(1600호) 대학생(1200

호) 등 계층별 특화 단지를 구성하며, 각 계층별 공급 물량의 50퍼센트를 해당 지자체장이 우선 선정하기 때문에 고양시 인근 테크노밸리 종사자를 대거 입주시켜 청년 주거 공간과 청년 벤처·일자리 공간을 직접 연결시킬 계획이다.

이 밖에도 청년벤처타운, 청년소호(SOHO)센터, 문화예술인 창작 스튜디오, 유스호스텔, 맞벌이 부부를 위한 다양한 공공 보육 시설 등 청년들을 위한 문화 복지 복합 공간이 대거 들어설 예정이다.

둘째, 편의 시설과 자족 시설 용지를 무상 임대 형태로 대폭 확보하여 청년벤처타운과 청년소호센터, 문화예술인 창작 스튜디오를 적극 유치할 계획이다. 이렇게 될 경우 고양 청년 스마트타운 인근 지역에 동시에 개발되고 있는 경기 북부 테크노밸리, 경기 방송영상문화 콘텐츠밸리, 신한류 문화관광벨트, 사물인터넷(IoT) 융복합단지 조성 등과 연계해 청년들의 주거-일자리-문화-복지가 함께 아우러지는 대한민국 최고의 청년 주거 일자리 복합 센터가 조성될 전망이다.

이러한 노력은 과거 LH 등이 국토부와 함께 행복주택이라는 형태로 저가의 임대주택을 분양하여 지역 거주 주민들의 반발만 초래하고 지역 발전에는 거의 기여하지 못했던 사업 방식을 혁신적으로 변화시킨 것으로, LH는 고양시가 1년 넘게 청년 스마트타운 모델을 집요하게 제안한 끝에 향후 대한민국의 행복주택 정책의 롤모델로 삼아 코리아 스마트시티 형태로 전국화시킬 계획을 수립했다. 심지어 중동 등 해외로 스마트시티 모델을 수출할 것이라는 계획도 알려져 있다.

셋째, 청년들의 주거 환경과 교통, 방범, 에너지 등 정보통신기술(ICT)과 청년 문화 복지 공간을 유기적으로 연계시키는 청년 스마트시티(지능형 도시) 건설을 추진할 예정이다

넷째, 한반도의 평화 정착에 결정적인 기여를 할 수 있는 유엔 평화인권기구의 유치에서부터 제2의 개성공단과 같은 산업단지 조성, 그리고 국제 청년 경제인 단체를 중심으로 한 재외 동포 타운 등을 종합적으로 연계하여 글로벌 청년벤처타운의 중심으로 발전시킬 예정이다.

　　이상과 같은 종합적인 대책은 청년 주거 및 일자리 창출

등 오늘날 대한민국 청년이 처한 현실을 풀어내는 데 상당

한 역할을 할 것으로 평가되고 있다.

통일한국의 실리콘밸리, 고양
고양청년
일괄소등 스위치
~으로 조명, 난방, 전기, 기스 등을 모두
VIP

대한민국 스마트시티의 모델, 고양 청년 스마트타운!

편집자 주 최성 시장은 한국 지방자치단체장으로는 유일하게 세계 스마트시티 국제회의에서 기조연설을 하고, 뒤이어 개최된 스마트시티 이노베이션 서밋 아시아에서도 한국의 스마트시티 현황과 발전 방향에 대해 기조 강연을 하며 고양시에서 대표적으로 추진하고 있는 청년 스마트타운과 IoT 융복합단지, 그리고 통일 한국의 실리콘밸리 구상을 발표, 국내외의 큰 관심을 불러일으켰다.

청년들의 꿈의 주거벤처타운, 청년 스마트타운과 스마트시티!

안녕하십니까? 꽃보다 아름다운 사람들의 도시, 대한민국 고양 시장 최성입니다. 스마트시티 이노베이션 서밋 아시아(Smart Cities Innovation Summit Asia)에 참석해주신 모든 분께 깊은 감사와 환영의 인사를 드립니다.

스마트시티 분야에서 세계적으로 최고 권위 있는 국제대회인 이번 대회를 아시아 최초로 대한민국에서, 그리고 다름 아닌 이곳 고양시에서 개최하게 된 것을 참으로 영광스럽게 생각합니다.

저는 올해 6월, 미국 텍사스 주 오스틴에서 열렸던 스마트시티 이노베이션 서밋(Smart Cities Innovation Summit)에 기조연설 차 참석 하여 스마트시티에 대한 새로운 비전과 크나큰 영감을 받고 돌아왔습니다.

고양은 어떤 도시인가?

여러분, 고양시의 첫인상은 어떠셨나요? 고양시가 어떤 도시인지 여러분께 잠시 소개해드리겠습니다. 고양시는 주거 환경 1위, 교육 환경 1위, 지속 가능한 일자리 창출 1위이면서 대한민국에서 가장 살기 좋은 도시 1위로 꼽히고 있습니다.

그리고 최근 정부가 고양시에 IoT 실증단지를 조성하기로 결정하면서 고양시는 대한민국 스마트시티의 테스트베드(Test Bed)이자 모델 도시가 되었습니다.

왜 고양시가 스마트시티의 모델 도시로 선정되었는가?

스마트시티는 ICT 기술을 이용하여 도시 문제를 해결하고 효율성과 안정성을 높여 시민들의 삶의 질을 향상시키는 신개념 도시입니다. 또한 어느 지방정부나 갖고 있는 딜레마인 예산 제약하에서 시민 행복을 높이고자 하는 문제에 대해 말 그대로 스마트한 솔루션이 될 수 있습니다.

스마트시티는 거스를 수 없는 세계적인 패러다임이 되고 있습니다. 대한민국 또한 2002년 전자 정부 출범 후 ICT 강국으로 우뚝 선 이래 오늘날 스마트시티 강국으로 제2의 도약을 준비하고 있습니다. 이러한 기조하에서 최근 대한민국 정부는 고양시를 스마트시티의 모델 도시로 선정하였습니다.

고양 스마트시티의 획기적인 전환점이 된 것은 고양 청년 스마트타운입니다. 요즘 전 세계적으로 청년 일자리 창출은 가장 큰 사회적 화두이지요? 최근에 정부는 이 문제를 해결하기 위해 고양시에 총 1만 2500세대의 고양 청년 스마트타운을 건설하기로 결정했습니다.

고양시는 이곳을 ▲ IoT기술을 활용한 스마트 홈 ▲ 지능형 교통 시스템으로 교통 혼잡을 조정하는 스마트 교통 ▲ 공공 지역 안전을 책임지는 스마트 안전 등 스마트시티의 기술을 도입해 최고의 주거 공간으로 만들 계획입니다.

이러한 성과를 인정해 정부는 고양 청년 스마트타운에 이어 IoT 실증단지 시범 사업 대상으로 재차 고양시를 선정하였습니다. 명실상부한 대한민국 스마트시티의 테스트베드(Test Bed)이자 모델 도시가 된 것입니다.

고양시는 SNS를 통한 시민 소통 1위, 시민 참여 자치 1위라는 강점을 바탕으로, 개방형 스마트시티 플랫폼을 활용하여 시민들이 참여하는 거버넌스 체계를 만들고 IoT 기술을 활용해 도시 문제를 해결하는 '고양형 스마트시티'로서 최고의 대한민국 스마트시티 모델을 만들어 나가고자 합니다.

고양시는 IoT 실증단지에 시민 설문 조사와 인터뷰를 바탕으로 선정한 안전·환경 등 중점 분야를 대상으로, ▲ 스마트 공원 환경 서비스 ▲ 스마트 생활 환경 서비스 ▲ 스마트 생태 환경 서비스 등 시민 체감형·맞춤형 서비스를 제공할 예정입니다.

이를 위해 그동안 우리 고양시는 선행 단계로서 지난 4월 스마트시티에 관해 세계 최고의 권위가 있는 이번 대회를 고양시에 유치하고, 이어 6월 미국 텍사스 주 오스틴에서 열린 스마트시티 이노베이션 서밋에서 테크 커넥트(Tech Connect)사 등 5개 기관과 MOU를 체결했으며, 기조연설을 통해 고양 스마트시티와 오늘 이 대회를 널리 알렸습니다.

뿐만 아니라 9월에는 유럽의 스마트시티 선진 도시인 파리 라데팡스, 파리 샤클레 연합대학, 빈 아스페른 스마트시티, 함부르크 하펜시티, 독일 드레스덴을 방문하여 친환경 스마트시티, 스마트 시스템을 적용한 산학연 클러스터, 시민의 휴식 공간을 살린 입체 개발 등 창조적이고 혁신적인 스마트시티들을 경험했습니다.

이곳에서 만난 유럽 스마트시티 전문가들은 고양형 스마트시티와 앞으로 말씀드릴 통일 한국의 실리콘밸리에 대한 저의 구상을 지지하며 아낌없는 지원과 협력을 약속했습니다.

그렇다면 지금까지 설명 드린 고양형 스마트시티를 어떻게 본격적으로 구현해 나갈 것인지 추진 전략을 말씀드리도록 하겠습니다.

우선 미국과 유럽 선진 사례의 장점을 수용하여 '고양형 스마트시티 추진 전략'을 수립하고 적극적으로 추진하여 103만 고양시민의 행복을 위한 편리하고 유익한 맞춤형 생활 정보를 신속하게 제공할 것입니다.

이를 위해 종합적이고 체계적인 스마트시티 전략을 단계적으로 시행해 나갈 것입니다. 컨트롤타워 아래 국내외 시민과 전문가로 구성된 오픈 T/F팀을 발족하여 현재 고양시에서 추진 중인 여러 사업들이 난개발이 되지 않고 체계적으로 진행되어 최고의 시너지 효과가 발휘될 수 있도록 할 것입니다.

구도심과 신도심이 연계되고, 전통과 현대가 결합되며, 고양의 문화 예술이 스마트기술과 접맥되는, 창조적이고 지속 가능한 스마트시티가 바로 고양형 스마트시티입니다.

고양형 스마트시티는 시가 2008년부터 추진한 교통 · 안전 · 시민 소통 분야의 스마트 시스템을 활용하여 최소 비용으로 최대 효과를 내는 효율성이 극대화된 스마트시티가 될 것입니다.

스마트시티 국내외 전문가 여러분, 광범위한 시민 · 전문가의 참여와 글로벌 고양 스마트시티 네트워크 가동으로 유기적인 협치 시스템을 구축하는 것이 고양형 스마트시티의 가장 중요한 원동력입니다.

고양형 스마트시티와 통일 한국의 실리콘밸리의 관계

그렇다면 본론으로 들어가서 고양형 스마트시티와 통일 한국의 실리콘밸리의 관계에 대해 설명 드리도록 하겠습니다.

고양시 통일 한국의 실리콘밸리는, 앞서 설명드린 IoT 실증단지를 비롯하여 고양 일산 테크노밸리, 대곡 역세권, 친환경 자동차 클러스터, 킨텍스 등을 종합적으로 연계해 미국의 실리콘밸리를 대한민국에 구현하고, 다가오는 통일 시대에 남북 경제 협력의 초석을 마련하는 거대하고 의미 있는 프로젝트입니다.

총사업비 5조 원을 상회하고 20만 개가 넘는 일자리 창출이 기대되는 초대형 통일 한국의 실리콘밸리 조성 프로젝트로 지역경제 활성화, 국가경쟁력 향상 등 파급 효과가 엄청날 것으로 기대되며 국내외에서 큰 관심을 모으고 있습니다.

고양시는 이러한 사업들에 스마트시티의 첨단기술을 접목시켜 각 프로젝트들을 체계적이고 통합적으로 관리해 나갈 것입니다.

좀 더 구체적으로 파리 샤클레의 글로벌 산학연 클러스터처럼 서울대, 연변 과기대 등 국내외 대학과의 연계를 포함해 고양시 내 동국대·항공대·중부대 등 대학들과, 한국건설기술연구원·국토교통과학기술진흥원 등 연구 단지, LG 유플러스·킨텍스 등 산업을 글로벌 산학연 클러스터로 구성하여 큰 시너지 효과를 창출할 것입니다.

이를 통해 고양시 전역으로 스마트시티를 확대하고 고양형 스마트시티 모델을 타 도시와 세계 도시로 확산시켜 나갈 것입니다. 이 자리에 계신 해외와 국내의 스마트시티 최고 전문가와 글로벌 기업 CEO 여러분들의 적극적인 참여를 부탁드립니다.

그리고 이 스마트시티 바로 옆에는 850만 평에 달하는 평화통일 경제특구가 있습니다. 바로 JDS 지구입니다. 여러분, 고양시가 남북 접경 지역의 유일한 103만 대도시라는 것을 아십니까? 이에 고양시는 평화통일특별시의 비전을 가지고 평화통일경제특구법을 발의하고 제2의 개성공단을 유치하여 명실상부한 통일 한국의 경제‘문화‘산업의 수도 역할을 하고자 합니다. 이곳에서 스마트시티의 IoT, ICT 기술은 핵심적이고 중추적인 기능을 할 것입니다.

뿐만 아니라, 기점 도시인 고양에서 시작하여 만주 · 중앙아시아 · 시베리아를 거쳐 유럽까지 이어지는 철의 실크로드를 통해서 스마트시티의 국제화를 추진하고자 합니다. 국제 평화도시를 잇는 우수한 교통 인프라인 철의 실크로드가 고양 스마트시티 글로벌 네트워크의 견고한 가교가 될 것입니다.

지금까지 말씀드린 내용을 종합한 통일 한국 실리콘밸리와 고양 스마트시티의 청사진은 다음과 같습니다.

고양시는 고양 청년 스마트타운, IoT 실증단지를 중심으로 고양 일산 테크노밸리, 방송영상문화 콘텐츠밸리를 연계한 통일 한국의 실리콘밸리를 스마트시티화하여 고양시 전역으로 스마트시티를 확장해 나갈 것입니다.

고양 글로벌 스마트시티 네트워크를 제안하며

고양 글로벌 스마트시티 네트워크에 대한 제안을 끝으로 발표를 마치고자 합니다.

고양시의 스마트시티, 그리고 통일 한국의 실리콘밸리 프로젝트는 고양시 혼자서 할 수 있는 일이 아닙니다. 이런 거대하고 의미 있는 사업에 여기 계신 CEO와 전문가 여러분, 중앙정부 및 지자체 관계자와 학계, 기업인 여러분의 도움이 반드시 필요합니다.

고양시가 구상하는 고양 글로벌 스마트시티 산학연 네트워크에 여기 계신 개인, 대학, 연구 기관, 기업들이 적극적으로 동참해주시기 바랍니다.

고양 글로벌 스마트시티 네트워크가 오늘 이곳에서 형성되고 이 네트워크가 확장되어 전 세계 스마트시티의 정보와 아이디어가 공유되는 스마트시티 네트워크의 허브(Hub)가 되길 바랍니다.

이번 대회가 대한민국을 넘어 아시아의 미래 스마트시티의 새로운 지평을 여는 역사적인 첫 발자국이 되기를 바랍니다.

'스마트시티 이노베이션 서밋 아시아' 최성 시장 기조연설

2016년 9월 20일, 최성 시장은 킨텍스에서 아시아 최초로 개최된 '스마트시티 이노베이션 서밋 아시아'에서 기조연설을 통해 대한민국을 대표하는 스마트시티 모델도시로서 "고양형 스마트 시티 종합청사진"을 밝혔다. 기조강연에 참가한 세계 각지의 글로벌 기업이 큰 관심을 보였으며, 스마트시티 행사에는 50여개국 2만여 명이 참석하여 대성황을 이루었다.

"청년 스마트타운은 세계 청년 주거 벤처타운의
모델이 될 것입니다"

편집자 주 최성 시장은 도쿄에서 개최된 한중일 지방정부 국제회의에서 500여 명이 참석한 가운데 전국 대도시 시장협의회장 자격으로 고양시와 경기도는 물론 대한민국의 국가 발전 프로젝트로 추진되는 통일 한국의 실리콘밸리 프로젝트에 대해 연설했다. 이 연설에서 철의 실크로드를 통한 북핵 문제 해결과 한중일 간 공동 상생 번영 전략을 구체적으로 제시, 큰 반향을 불러일으켰다.

대한민국의 최대 일자리 프로젝트,
통일 한국의 실리콘밸리!

안녕하세요? 반갑습니다.

따자하오? 쎄쎄. 곤니치와. 아리가토 고자이마스.

대한민국의 고양시 시장 최성입니다.

고양시는 104만 시민과 공직자, 시장이 함께하는 혁신적 시정 운영 시스템을 운영하고 있습니다. 고양시의 다양한 시민적 참여는 주민자치센터와 자치 활동을 지원할 수 있는 지원센터, 그리고 SNS를 통해 다양하게 작동하는 것이 특징입니다.

제가 시장에 취임한 이후 6년 6개월간 고양시만의 독특한 시민 참여 자치의 로드맵을 세우고 추진한 데에는 공직자의 역할이 컸습니다. 그리고 그 공직자들의 역량을 최대한으로 끌어올릴 수 있는 희망 보직 시스템이 주효했습니다. 아마 전 세계에서 유일할 것으로 예상되는데요. 공직자 본인이 희망하는 부서를 1지망, 2지망, 3지망, 마치 프로야구에 지원하는 것처럼 신청하면 그것을 심사위원회에서 최종 결정해 인사를 시행하게 됩니다. 그러다 보니 공직자들이 각자의 분야에서 전문성을 발휘하게 되고, 이것이 시민들의 참여와 시너지 효과를 내게 된 것입니다.

그 대표적인 성과로 '통일 한국의 실리콘밸리' 프로젝트를 들 수 있습니다. 이 프로젝트는 고양시가 최근 스마트시티의 모델 도시로 선정되며 날개를 달게 되었는데요. 특히 대한민국에서 가장 아름답고 멋진 인공 호수인 '호수공원'과 대한민국 최대 규모인 킨텍스, 그리고 그 인근의 청년들의 주거-벤처 공간인 청년 스마트타운과 연계돼 그 미래가 기대됩니다. 장기적으로 통일 한국의 실리콘밸리 전 지역을 스마트시티화하는 계획을 갖고 있습니다.

고양시의 이 프로젝트를 전 세계의 CEO 및 스마트시티 관련 기업, 한국 경제인들에게 몇 개월간 설명해오고 있는데, 대다수의 단체 및 경제인들은 프로젝트 참여 의사를 밝혔습니다. 여러분께서도 지자체 간 교류, 기업 간 국제적인 교류를 통해 미래의 통일 한국을 준비하는 고양시의 실리콘밸리 프로젝트에 동참해주실 것을 부탁드

럽니다.

고양시는 남과 북을 잇는 경의선 철도와 자유로가 있어 지정학적으로 통일 한국의 중심지라는 잠재력을 보유하고 있습니다. 실제로 제가 노벨평화상을 수상하신 김대중 대통령을 모시고 남북정상회담 준비접촉단 대표로 판문점을 회의차 방문할 때 자유로를 통해 갔고, 북한의 개성에서 회의를 하고 고양에 돌아오면 한 시간도 걸리지 않는, 그런 최적의 지역인 것입니다.

이밖에도 서울 강남에서 고양시까지 약 20분 밖에 걸리지 않는 초고속 급행열차 GTX가 고양시 대곡역세권을 지나게 되는데요. 이 사업에 약 1조 5,000억 원이 투자되며, 중앙정부 차원에서 대곡역세권을 동북아시아의 핵심 물류 기지로 추진해야 한다는 부분이 확정된 바 있습니다.

선진 마이스산업의 중심인 킨텍스 제3전시장도 확장 중이라는 점을 말씀드립니다. 대단히 중요한 또 하나의 사실은 바로 이 지역 주변 850만 평에 달하는 개발유보지역을 평화통일경제특구로 조성해서 남북한의 화해 협력의 중심적인 역할을 담당하고, 나아가 국제적인 통합 산업단지를 조성하고자 관련 특구법을 국회에 제출한 바 있습니다. 이 평화통일경제특구법이 통과된다면 우리 고양시는 수도권만이 아니라 대한민국, 미래의 동북아의 중요한 허브가 될 것입니다.

또 하나 중요한 부분은 앞으로 동북아가 어떻게 상생할 것인가에 대한 부분입니다. 지방정부 간, 중앙정부 간 협력을 통해 북한의 핵을 포기시키고 북한 역시 동북아의 권역발전 프로젝트에 참여시키게 되면 바로 이 철의 실크로드는 대한민국에서 출발해서 중국, 러시아, 유럽으로 갈 수 있게 됩니다. 그렇게 되면 동북아가 새로운 국제적 경제전쟁의 시대에 살아남을 수 있을 것입니다.

고양시는 대한민국의 국제경쟁력을 강화시키고 수도권은 물론 대한민국의 일자리 프로젝트를 주도할 통일 한국의 실리콘밸리 프로젝트를 범정부 차원에서 추진하고자 합니다.

우선 연매출 70조를 기록한 판교 테크노밸리를 능가할 것으로 전망되는 경기 북부 테크노밸리는 인공지능, 보안, 통신, 자율 주행차 등 4차 산업과 직결된 분야에 집중할 필요가 있습니다.

둘째, 고양 IoT 실증단지와 스마트시티 구축과 관련해서는 통신과 센서, 빅 데이터 분야를 포함하여 에너지, 환경, 의료, 교통, 물류 등을 집중 육성할 계획입니다.

셋째, 경기 방송영상문화 콘텐츠밸리와 신한류 문화단지 조성 분야에 있어서도 VR, AR, 테마파크를 비롯해 기존의 방송, 영상, 문화 산업과의 시너지 효과에 주력할 예정입니다.

결국 판교 테크노밸리가 게임과 IT 플랫폼 위주로 산업적 다양성이 떨어지고 오피스 중심의 개발을 추진하며 4차 산업혁명에 대한 이해와 대책이 부족했다면, 고양시의 통일 한국의 실리콘밸리는 4차 산업과 직결된 미래형 국제산업단지를 목표로 하는 것입니다.

현재 5조 투자에 20만 개 일자리 창출을 상회하는 통일 한국의 실리콘밸리 프로젝트는 차기 정부의 대표적인 일자리 프로젝트를 견인함과 동시에 중앙정부와 광역자치단체, 그리고 해당 지역의 자치단체 간 초당적인 공동 운영을 토대로 다가오는 통일 시대 평양과 서울 사이의 대규모 국제적인 실리콘밸리를 조성하는 데 중심이 될 것이며 실질적으로 평화통일특별시의 위상을 높여갈 수 있을 것입니다.

이미 전 세계에 있는 여러 경제인들과 세계적인 스마트시티 기업들이 네트워크를 통해 고양시가 주관하는, 또 경기도와 대한민국 정부가 함께하는 이 프로젝트에 참여 의사를 밝혀 다양한 외부 유치 및 구체적인 컨소시엄을 구상하고 있습니다. 아직 공개하긴 어렵지만 몇몇 대기업도 적극적인 참여 의사를 표현했습니다.

앞으로 한중일 지방정부협의체가 제대로 되기 위해서 두 가지 제안을 하고 제 이야기를 마치려 합니다.

첫째는 이렇게 1년에 한 번씩 돌아가면서 만나는 형태를 벗어나서 어느 도시에서든 이 자리에 계신 여러 지자체가 추진하는 동북아 상생과 발전을 위한 다양한 프로젝트를 공유하고 구체적인 투자, 교육, 문화적 교류를 지속해 나갔으면 좋겠습니다.

다음으로 우리 한중일 지방정부의 행정가 및 지도자 여러분께서 일본군 위안부 문제를 포함한 과거사 문제, 또한 타 지역, 타 도시, 타 국가에 대한 폄훼 없이 서로가 진실을 인정하고 미래 세대에게 제대로 된 교육을 선물해줄 수 있기를 바랍니다. 그 노력을 통해 한국과 중국, 일본은 미래 지향적인 상생 발전을 실현할 수 있으며, 그 노력을 위해 우리 한국, 중국, 일본의 지방정부가 앞장서기를 희망합니다.

경청해 주서서 감사합니다.

Choi Sung
Mayor, Goyang city
Archana Vemulapati

 IMF 외환위기 극복의 주역이었던 임창열 전 경제부총리(현 킨텍스 대표)는 고양시에서 추진되는 통일 한국의 실리콘밸리 프로젝트가 박근혜 탄핵 이후 위기에 처한 대한민국호를 살릴 수 있는 최대 프로젝트라는 점과, 향후 통일 시대 평화통일특별시로서의 중요한 허브 역할을 고양시가 감당해야 하는 이유를 열정적으로 설명했다. 이 토론은 고양 소식지 2016년 12월호 특별대담으로 이루어졌으며 일부를 발췌, 요약 정리한 것이다.

IMF 외환위기를 극복한
임창열 전 경제부총리와의 대담

최성 고양시장 고양시에서 추진되는 청년 스마트타운을 비롯한 경기 북부 테크노밸리 등 통일 한국의 실리콘밸리 프로젝트에 대해 IMF 외환위기 당시 경제부총리를 역임하셨던 임창열 킨텍스 대표님과 임승빈 한국 지방자치학회 회장님, 이윤덕 미래부 IoT 실증사업 추진단장님을 모시고 심층 토론을 하게 되어 매우 뜻깊게 생각합니다.

먼저 예측 불가능한 국내외적 위기 속에서 우리 고양시가 어떤 발전 전략을 가져야 하는가에 대해 임창열 대표님의 고견을 듣고 싶습니다.

임창열 전 경제부총리(현 킨텍스 대표) 고양시가 대한민국 발전을 위한 상당히 중요한 위치에 올라선 것이 사실입니다. 대한민국에 10개뿐인 100만 대도시로서 이미 국가 발전에 굉장히 큰 역할을 해야만 되는 위치에 와 있는 것이죠.

그런데 우리 국가 전체적으로 보면 국내외 환경이 급격하게 변하고 있습니다. 한미자유무역만 보더라도 미국의 이익을 위해서 재조정하겠다는 상태가 됐죠. 그렇기 때문에 자유무역 틀 속에서 수출 경제를 만들어온 우리나라 경제가 지금 무너지고 있습니다.

이런 급격한 변화와 더불어, 우리는 5대 제조업 중심으로 그동안 성장을 해왔는데 5대 제조업들이 경쟁력을 점점 잃어가는 과정에 있어요. 우리나라 5대 제조업들이 중국에 밀리고 인도에 밀리면서 앞으로 대한민국 다음 세대는 어떤 일자리에서 뭘 먹고 살 것이냐, 이런 고민을 해야 되는 시기에 와 있습니다.

그렇다면 앞으로 우리가 살 길은 무엇이냐, 고부가가치 산업을 일으키고 서비스 산업을 일으키는 것을 시급히 보완해야만 우리나라가 다음 세대에게 다시 가난이나 고통을 물려주지 않는 것인데 그 해답을 지금 고양시가 얻어내고 있다고 봅니다.

지금 고양시가 추진하는 테크노밸리는 대한민국이 앞으로 나가야 될 방향과 딱 맞는 것이라는 겁니다.

임승빈 한국지방자치학회 회장 우리나라 같은 경우는 숫자적으로만 봐도 금방 알아요. 예를 들어 일본의 경우 인구가 1억 3000만 명 되는데 중앙 공무원의 숫자가 36만 명입니다. 거기는 지방 공무원이 300만 명이거든요. 우리나라는 지방 공무원이 35만 명 정도 되죠.

경기도 고양이 아니라 중앙정부의 모든 걸 대처하는 고양시, 인구 100만의 도시, 소위 말해서 토지 이용에 관한, 국토 개발에 관한, 지역경제에 관한 권한에 대해서는 인구 100만의 도시에게는 과감한 정부의 이양이 필요하고, 그러기 위해서는 특히 인구 100만 이상 도시의 국회의원들이 입법을 해야 한다고 봅니다. 과감하게 이 절차는 빨리 들어갔으면 해요. 그래야만 국가경쟁력이 살아나지 중앙정부만 띄워서는 대한민국이 살 수 없습니다.

이윤덕 미래부 IoT 실증사업 추진단장 앞으로 더 많은 사람들이 도시에 살게 될 것입니다. 전 세계가 점점 도시화되기 때문에 현재 도시라는 것이 굉장히 중요한 이슈가 되는데, 보면 한국의 도시가 서울도 있지만 다양한 광역시도 있고 여러 가지 도시 유형이 있죠. 그러면 이 도시가 사람들이 살 만한 도시여야 되는데요.

지방 도시에서 살더라도 삶의 질이나 사는 것 자체가 품격이 있다고 하는 것을 경험하게 하거나 아니면 모델을 제시해야 됩니다. 그래서 저는 고양시가 청년 스마트타운이라고 하는 스타트를 잡은 것은, 기존 행복도시를 청년 스마트타운으로 바꾸며 새로운 비전을 제시하고 청년들이 모여서 일도 하고 살 만한 거주의 모양을 만들어낼 수 있다는 점에서 다른 지방 도시들에게 모델로 제시할 수 있는 좋은 케이스가 아닐까 생각하고 있습니다.

최성 시장 청년 스마트타운을 중심으로 고양시에 추진되는 통일 한국의 실리콘밸리 프로젝트를 긍정적으로 평가해주셔서 감사드립니다. 임창열 대표님은 개성공단이나 남북 교류 협력 시대, 통일 시대에 대한 철학과 소신이 있으신데, 그런 부분에서 고양시에 멘토링을 해주신다면 어떤 부분이 있을까요?

임창열 남북 협력을 하려면 고양시를 빼고는 시작이 되지를 않습니다. 한국이 지금 성장률 3퍼센트 미만으로 고착화되어가고 앞으로 미래에 일자리가 생기기 어렵고 전망이 어둡게 나오잖아요. 그 유일한 해결책이 남북 협력입니다. 남북이 협력하면 한국은 다시 도약할 수 있고 G7까지도 들어갈 수 있다는 것이 지금 전문가들의 분석이에요.

그러면 남북 협력의 전초기지인 고양시는 중재를 해야 된다고 생각합니다. 남북 협력할 때 개성공단이 턱밑이고 앞으로 북한과 교류한다면 배후지가 되고 또 북한이 갖추지 못한 일터를 고양시를 통해서 다 이용할 수가 있어요. 그러면 북한도 개혁, 개방을 하면 수출산업이 주도가 되어야 하는데 수출산업의 전시장을 킨텍스에서 쓸 수 있습니다. 또 북한에서 모여드는 무역인들, 투자자들이 인천공항을 이용할 수 있어요. 교통도 북한에서 나와서 고양시를 거쳐 인천공항 가야 해요.

최성 시장 그것은 진짜 중요한 포인트네요.

임창열 아주 중요합니다. 우리의 인프라를 북한이 같이 이용해야 그 비용이 이중으로 안 들어가고, 북한은 빠른 시일 내에 개방 체제 이득을 볼 수 있다 생각하고. 그리고 남북 협력이 뭐가 중요하냐면, 우리는 물류 비용을 절감해야 되잖아요. 사실 우리는 반도지만 섬나라나 마찬가지입니다. 북한으로 차단되어 있기 때문이에요. 그래서 남북 협력이 우리뿐 아니라 북한도 발전하는 데 필수적이에요. 우리가 안 도우면 북한에 투자할 사람도 별로 없습니다.

핵무장은 혼자 할 수도 있지만 경제 발전은 우리와 손 안 잡으면 불가능한 거예요. 그렇기 때문에 북한도 우리가 필요하고 우리도 북한이 필요하고 그런 면에서 협력을 추진하는 전진기지가 바로 고양시라는 것이죠.

특히 고양시에는 국가 프로젝트로 대곡역 개발 계획이 있잖아요. 그곳은 앞으로 철도 물류에 있어 대한민국의 기지로 지정되어 있습니다. 그러니까 항만 시대 부산이 거점이었다면 철도 물류 시대의 거점은 고양시입니다. 그래서 앞으로 고양시가 대한민국 경제 발전에 핵심 역할을 하는 물류 기지가 되도록 준비하고, 또 그것을 하게 되면 덕양시가 고양시와 대한민국 발전의 새로운 기폭제 역할을 할 수 있고요.

최성 시장 이 프로젝트가 갑작스럽게 금년에, 사실은 청년 스마트타운도 그렇고 테크노밸리, 방송영상단지, IOT 실증단지 이런 것들이 짧은 시간에 집중적으로 유치됐어요. 다행히도 임창열 대표님이 조언을 잘 해주셔서 이것을 통일 한국의 한 실리콘밸리 프로젝트로 묶고 상호 연계성을 추진하는 데 큰 도움이 됐어요.

산학연 연계가 얼마나 중요한가, 신도시에 새롭게 형성되는 테크노밸리 산업단지와 구도심 간의 네트워크가 얼마나 중요한가, 스마트시티는 대기업을 위한 예산 낭비적인 프로젝트가 아니며 시민들의 삶에 정말 편리하고 유익한 스마트한 행정들이 연계되면 얼마나 좋을 것인가. 그런 점에서는 저희들이 방향을 참 잘 잡았다, 외풍에도 흔들리지 않는 시스템이 된 것 같아요.

임창열 요즘 고양시에 아까 이야기하신 프로젝트들이 한꺼번에 진행됩니다. 3전시장이 되면 킨텍스가 세계에서는 20번째쯤 큰 전시장이 됩니다. 아시아에서는 중국 빼고 일본보다 우리가 더 큰 전시장을 보유하게 됩니다. 테크노밸리도 판교에서 성공을 거둔 것인데 경기 북부에 남북 협력 전초기지인 테크노밸리 개념으로 등장하고, 청년 스마트타운도 전국 최대 규모로 들어오고 방송영상단지가 들어오는데요. 고양시가 베드타운을 벗어나는 병목 점에 왔다고 생각합니다.

그 병목 점 시동을 시장님이 걸어주신 것입니다. 3전시장만 해도 그렇습니다. 3전시장은 원래 시작할 때부터 중앙정부와 경기도와 고양시 간에 합의가 되어 있었는데 경기도도 그렇고 중앙정부도 그렇고 3전시장 투자에 대해서 상당히 주저를 했어요. 재정이 어렵잖아요. 그런데 시장님이 추가 부지를 확약해주시고 고양시가 킨텍스 것을 가지고 재정 책임진다고 하니까 경기도도 킨텍스 특별회계 조례를 만들고 중앙정부도 산재부 통과하고 기재부로 가고 그렇게 된 거죠.

최성 시장 칭찬해주셔서 대단히 감사합니다. 임창열 전 경제부총리님 말씀처럼 현재의 경제위기를 극복하기 위해서는 통일 한국의 실리콘밸리와 같은 국가적 프로젝트에 스마트시티와 같은 4차 산업의 적극적 유치가 필요하다고 봅니다.

임창열 시장께서 이번에 청년 스마트타운을 유치하면서 중요한 결정을 하신 것은 12,500세대 들어올 때 일반 시민들 걱정도 많잖아요. 그것을 스마트시티 컨셉을 넣어서 거기는 저소득층 아파트가 아니고 고급일자리, 고부가가치 일자리에 오는 사람들의 숙소로 쓰는 것으로 해서 집 배정권까지 확보했잖아요.

그러면 고양시 테크노밸리는 판교보다 훨씬 강점이 있는 거예요. 고급 인력을 끌어오는 데 훨씬 경쟁력이 생긴 거예요. 판교에는 고급 인력들 숙소 문제가 해결이 안 됐습니다. 그래서 저 멀리서 출퇴근해야 돼요. 그런데 이 테크노밸리 요원들은 근무 시간이 아침 9시에서 저녁 6시가 아니고 24시간 근무입니다. 직장과 집이 걸어 다니는 거리가 돼야 해요. 이 사람들 밤에도 아이디어가 떠오르면 사무실 뛰어나오고 일하다가도 쉬고 싶으면 바로 가서 쉬고 직장과 집이 같이 가는 것인데, 이번에 스마트시티 행복주택을 콘셉트로 국토부에 요구했잖아요. 스마트시티 행복주택권을 달라고. 그것을 준 것은 대단히 중요한 의미가 있는 거예요.

앞으로 테크노밸리 성공여부는 고급 연구 인력들을 보유할 수 있냐, 그것이 경쟁력입니다. 그런데 주거 문제를 해결해주는 카드를 쥐었잖아요.

그리고 차별화된 테크노밸리가 될 것이, 북한의 연구 인력도 데려올 수 있는 잠재력이 있습니다. 그러나 앞으로 우리나라 R&D 산업은 해외 고급 인력들이 마음대로 올 수가 있어야 해요. 삼성전자에도 실제로 보면 고급 인력들이 많이 들어와 있습니다. 여기 테크노밸리는 인천공항, 김포공항 통해서 해외 R&D 인력들이 자유롭게 참여하는 테크노밸리로 가고 숙소도 해결하고 전시도 할 수 있고 회의도 할 수 있는 강점을 가지고 있기 때문에 잘될 것으로 봐요. 아마 조만간 2단계, 3단계 확장 계획 준비하셔야 될 것으로 생각합니다.

또 방송영상단지가 들어서면 전문 인력들이 옵니다. 방송영상단지는 SBS 등 중심으로 한다는데 KBS도 이쪽으로 오려고 알아보고 있잖아요. 시장님이 끌어안으시면 대한민국의 방송영상산업 중심은 여의도도 아니고 고양시가 방송영상의 중심이 됩니다.

거기다 또 15분이면 서울역에서 올 수 있는 GTX가 들어오잖아요. 그러니까 이 인프라가 동시다발적이지만 각각이 아니고 다 연결된 거예요. 그런데 시장님께서 행복주택 할 때도 국토부를 설득해서 스마트시티 행복주택으로 했잖아요. 거기 은퇴하고 저소득으로 힘들게 사는 사람이 아니라 활발하게 일하는 고소득자들이 살게 되면 지역경제에도 파급 효과가 클 겁니다.

시민들한테 일자리도 주고 세수가 들어오면 또 시민들한테 돌아가고. 삼송까지 들어오는 신분당선을 여기까지 연계하면 덕양 주민들도 킨텍스와 스마트시티와 테크노밸리에 일자리 구해 출퇴근할 수 있고. 그래서 지금 추진하시는 일들이 하나의 별개 건이 아니고 복합적으로 다 연결되어 있다는 겁니다.

앞으로 테크노밸리 들어오는 업종도 인위적으로 뭐는 되고 뭐는 안 되고 그럴 필요 없어요. 민간이 선택할 거예요. 그리고 테크노밸리를 짓지만 거기만 테크노밸리가 아니고, 원래 실리콘밸리의 출발점이 차고입니다. 차고에서 시작하는 거예요. 근사한 사무실 들어가서 하는 것이 아니고 자기 집에 부모한테 양해 받고 차고에서 대학생들끼리 연구해서 창업한 것이 대부분입니다. 그러니까 앞으로 청년 스마트타운이 테크노밸리가 될 거예요.

그러면 이 일대가 전부 테크노밸리라고 생각하시면 돼요. 그것을 막는 규제가 있으면 규제만 풀어주시면 돼요. 아파트에도 소규모 창업이 가능하게 꼭 숙소로만 쓰라는 규제 없애야 합니다.

자유분방하게, 그런 연구 인력들은 쉴 수 있어야 합니다. 중요한 거예요. 테크노밸리 주변에 공원을 많이 만들어주시고 카페촌도 만들어주세요. 쉬어가면서 연구해야지 하루 종일 연구하면 아이디어도 안 나와요.

심지어는 야외 캠핑장도 시장님께서 만드셨잖아요. 그것도 사실은 굉장한 시너지 효과가 있을 것입니다. 연구하던 사람 나와서 캐라반 빌려서 밤새도록 토론하고 고기도 한 점 구워 먹고 소주도 한 잔 먹고 또 들어가서 일하고, 요새 보면 네이버 빌딩에 가면 일반 사무동과 콘셉트가 다릅니다. 그 안에서 온갖 휴식을 다 취할 수 있게 만들어졌어요. 복장만 자유가 아니고 그 안에서 간이 스포츠도 즐길 수 있고 숙면도 할 수 있고 게임도 할 수 있고. 일반 사무동과는 개념이 다릅니다.

그러니까 고양시는 그야말로 창의력 있는 젊은이들이 국내외적으로, 또 남북한 가리지 않고 전부 여기에 모여서 세계적인 창의력 있는 기업이 발생할 수 있도록 그 토양만 만들어주시면 된다고 생각합니다.

최성 시장 감사합니다. 앞으로 통일 한국을 일구는 데 저희 고양시가 감히 조타수 역할을 하려고 합니다. 더불어 고양시에 추진되는 대규모 국가적 차원의 프로젝트가 대한민국의 미래성장동력이 되도록 최선을 다하겠습니다. 그 과정에서 중요한 멘토 역할을 해주시면 감사하겠습니다.

더불어민주당
대선후보 경선 출마의 변

1. 촛불 민심과 시대정신

안녕하십니까, 대한민국에서 10번째 100만 도시, 고양시장 최성입니다. 1200만 명에 달하는 전국 대도시 시장협의회장이기도 합니다.

저는 지난 몇 개월 동안 촛불집회에 빠짐없이 참여하면서 시민들의 분노와 요구를 온몸으로 느낄 수 있었습니다. 시민들은 절박하게 박근혜 대통령의 사퇴를 외쳤습니다. 어이없게도 박근혜 대통령 자신에 의해 국정 농단 사태가 저질러졌기 때문입니다.

국가의 법이 무너졌고, 권력은 사유화됐고, 민주주의는 후퇴했고, 정의는 실종됐고, 언론의 자유는 퇴보했고, 견제는 없었습니다. 사리사욕을 좇는 탐욕만이 대한민국을 움직이는 원동력이었습니다.

시민들은 반칙에 분노했고, 공정하지 못한 사회에 분노했습니다. 참으로 꼼꼼하게 챙겨 먹은 최순실 일가에 분노했고, 권력의 꼭두각시로 전락한 위정자와 사회 지도층에 분노했습니다. 온 국민이 자괴감에 시달려야 했습니다.

촛불 혁명을 통해 탄핵이 결정되었지만 여전히 정치권은 시민들의 요구를 받들 의지가 전혀 없어 보입니다. 여의도 정치권과 대권 후보들은 기득권 유지를 위한 담합에만 몰두하고 있습니다. 친박과 비박의 외부 인물 영입 경쟁이 그렇고, 당리당략적 정계 개편과 정략적 개헌 논란이 그렇습니다. 진정성을 가진 지도자가 보이지 않습니다.

이명박, 박근혜 정권 9년 동안 우리나라가 어떤 발전을 이뤘는지 생각해본 적이 있습니다. 난감하게도 단 하나도 찾아내지 못했습니다.

소중한 9년을 날려버리고 난 후에 대한민국은 말 그대로 심각한 위기에 처해 있습니다. 경제 위기, 북핵 위기, 안보 위기, 리더십 위기 속에서 대한민국은 그야말로 풍전등화와 같은 상태입니다.

촛불 민심이 요구하는 시대정신은 분명했습니다. 현재의 위기를 하루빨리 극복하라, 보다 공정하고 정의롭고 복지가 넘치고 지속적 성장이 가능한 사회를 만들라는 것입니다.

저는 제2의 박근혜-최순실 게이트를 방지하고 진정한 국민 주권 시대를 열어 나가기 위해 더불어민주당 대선 후보 경선에 출마하기로 결정했습니다. 이번 경선에서 5000만 국민들의 민심과 시대정신을 온전히 받들도록 노력하겠습니다.

2. 국가 지도자의 5가지 리더십

시대정신을 온전히 받들기 위해서 국가 지도자는 5가지 리더십을 갖추어야 한다고 생각합니다. 바로 평화경제 리더십, 공정하고 정의로운 리더십, 청렴한 리더십, 국민 통합의 리더십, 준비된 유능한 리더십입니다.

첫째, 국가지도자는 북핵 위기, 전쟁 위기, 제2의 IMF 위기를 극복할 수 있는 평화경제 리더십이 필요합니다.

페리 프로세스로 유명한 윌리엄 페리 전 미국 국방부 장관은 북핵에 대해 강력히 경고하고 있습니다. 지구상에서 핵 재앙의 가능성이 과거 냉전시대보다 높아졌고, 핵 재앙은 우발적 사고로 일어날 수도 있다는 것입니다.

북한의 김정은과 미국의 트럼프, 예측하기 힘든 이 두 지도자가 부딪치면 한반도에서의 전쟁 가능성도 완전히 배제할 수는 없습니다.

저는 김대중 대통령 후보의 안보보좌역, 대통령직 외교안보 분야 인수위원, 김대중 정부 청와대 외교안보수석실을 거쳤고, 지금은 김대중기념사업회의 김대중사상 계승발전위원장을 맡고 있습니다. 노무현 정부에서는 통일 외교 분야의 국회의원으로 활동하였습니다.

저는 김대중 전 대통령의 통일철학과 평화사상의 계승자라고 감히 자부하고 있습니다. 소장학자로서 김대중 전 대통령의 통일 방안과 햇볕정책을 입안했고, 역사상 최초의 남북정상회담을 성사시키기도 했습니다.

저는 외교안보 분야의 다양한 경험을 바탕으로 한반도의 전쟁 위협을 해결하고 북핵 개발 포기와 한반도 평화 정착을 조기에 관철시키겠습니다.

IMF 외환위기를 극복했던 임창열 전 경제부총리는 강력히 경고하고 있습니다. 성장 동력이 꺼지고 있는 대한민국에 'IMF 위기보다 더욱 심각한 총체적 경제 붕괴'가 일어날 수 있다는 것입니다.

최근 우리 경제는 심각한 위기 상황에 처해 있습니다. 소비가 줄고 투자가 위축되고 있습니다. 실업자는 늘고 저출산·고령화로 생산 인력은 점점 줄고 있습니다. 경제성장률은 이미 2퍼센트대로 접어들었으며 빈부 격차는 확대되고 있습니다. 여기에 미국의 금리 인상으로 해외자본이 유출되고, 부동산이 폭락하고, 가계 부채가 감당하지 못할 수준으로 불어나면 제2의 IMF 외환위기가 올 수도 있는 위험천만한 상황입니다.

저는 청와대 재직 당시에 김대중 대통령께서 IMF 외환위기를 극복하는 데에도 중심적 역할을 했습니다. 국제적 협력 활동에 전력을 다했던 당시의 경험을 살려서 현재의 총체적 경제 위기를 극복하겠습니다.

고양시는 테크노밸리, 방송영상문화 콘텐츠밸리, 신한류 문화관광벨트, 청년 스마트타운, 사물인터넷(IoT) 융복합단지, 자동차서비스 복합단지, MICE 산업, 의료 관광 등을 엮어서 '통일 한국의 실리콘밸리 프로젝트'를 추진하였습니다.

마침 김대중 전 대통령과 함께 외환위기를 극복했던 임창열 전 경제부총리가 킨텍스의 대표를 맡고 있습니다. 임창열 대표는 5조 원이 투입되고 20만 명의 일자리가 창출되는 '통일 한국의 실리콘밸리'가 박근혜 탄핵 이후 위기에 처한 대한민국호를 살릴 수 있는 최대 프로젝트라고 평가했습니다.

저는 '통일 한국의 실리콘밸리' 모델을 전국으로 확산시켜서 4차 산업혁명을 통해 우리나라의 지속 가능한 성장을 이룩하겠습니다.

4차 산업혁명은 정보통신기술(ICT)을 통해 첨단산업들을 연결해서 폭발적인 시너지를 내는 산업혁명입니다. 인공지능, 가상증강현실, 신소재, IT, 빅 데이터, 클라우드가 4차 산업혁명의 핵심 분야입니다. 또한 자율 주행 차량, 스마트시티, 원격 지원, 로봇 산업, 사물인터넷과 같이 응용 산업으로의 파급 효과도 매우 큽니다.

둘째, 국가지도자는 공정하고 정의로운 리더십이 필요합니다.

친일 청산, 독재 청산을 제대로 하지 못한 결과가 지금 나타나고 있습니다. 광장의 촛불 민심은 대한민국이 썩었다, 불공정하다, 노력해봤자 성공의 기회가 없다며 좌절하고 분노했습니다. 피로써 이룩한 87년 민주주의가 이런 불평등하고 불공정한 사회를 만들고자 한 것은 아니었을 것입니다. 이제는 절차적 민주주의를 넘어 실질적 민주주의로 가야 한다고 생각합니다.

흙수저·금수저론에서 볼 수 있듯이 우리 사회에서 청년들의 열패감은 매우 높습니다. 빈부 격차 때문에 사회에서 출발선 자체가 크게 차이나는 상황입니다. 부가 학력으로 세습되고, 또다시 부의 세습으로 이어지고 있는 것입니다. 청년들의 일자리가 점점 줄어들고 좋은 일자리는 더 구하기 힘들기 때문에 신조어처럼 굳어지는 것은 아닌가 합니다.

저는 고양시장을 하면서 전국 최초로 친환경 무상급식 공약을 실천했고, 복지 예산을 전체 예산의 40퍼센트 이상으로 높였습니다. 노동자가 인간다운 삶을 살 수 있도록 시청과 모든 산하기관에서 생활임금제를 실시하고 있으며, 비정규직을 무기계약직으로 전환하는 데에도 앞장섰습니다.

대한민국은 보다 공정하고 정의로운 사회가 되어야 합니다. 저는 경제민주화 정책, 소득 주도 성장 정책, 복지정책을 강화하겠습니다. 대기업과 중소기업이 공정하게 경쟁할 수 있도록 다양한 규칙을 만들고, 서민들의 소득을 높여 빈부 격차를 줄이고, 모든 국민들이 인간다운 삶을 살 수 있도록 복지를 늘리겠습니다.

셋째, 국가지도자는 청렴한 리더십이 필요합니다.

박근혜-최순실 게이트는 국민들에게 큰 상처를 주었습니다. 촛불혁명을 계기로 국가 지도자에게는 청렴이 가장 큰 덕목이 되었습니다.

저는 정치와 재벌의 유착, 권력형 부정부패를 몰아내겠습니다. 청와대, 검찰, 경찰, 국정원을 혁신하겠습니다. 정권의 시녀 노릇을 해왔던 권력기관들을 제대로 일하도록 만들어서 국민들께 돌려드리겠습니다. 명실상부한 국민 주권 시대를 만들겠습니다.

저는 청와대와 국회 그리고 고양시에서 20년 넘게 정치와 행정의 경험을 쌓았습니다. 정치인으로서, 공직자로서 철저히 검증되었다고 감히 자부합니다. 이러한 자세를 토대로 부정부패를 척결하고 공정하고 정의로운 국가를 만들겠습니다.

또한 박근혜-최순실 게이트의 재발을 막기 위해서라도 모든 대선 후보들은 철저한 검증을 거쳐야 한다고 생각합니다. 더 이상 범법자가 대통령이 되는 불행한 역사를 막아야 하지 않겠습니까? 저부터 철저한 검증을 받겠습니다.

넷째, 국가지도자는 국민 통합의 리더십이 필요합니다.

우리 사회는 남북 갈등, 이념 갈등, 지역 갈등, 계층 갈등, 세대 갈등 등 다양한 갈등이 자리 잡고 있습니다. 갈등이 반드시 나쁜 것은 아닙니다. 하지만 갈등이 심각한 지경에 이르면 관리 비용이 높아지고 경제 성장을 저해하는 주범이 됩니다. 저는 다양한 갈등 요소를 해결하는 대통합의 정치를 펼치겠습니다.

저는 17대 국회의원을 지냈습니다. 초선 의원이지만 국회 개혁과 정치 개혁을 이루고자 초당적인 국회개혁초선연대의 대표와 초당적인 남북교류협력의원모임의 대표를 맡기도 했습니다.

재선 시장이 되는 과정에서는 전국 최초로 야5당과 시민사회단체 단일 후보로 당선되기도 했습니다. 저는 20년이 넘는 정치 인생을 '혁신과 대통합'이라는 김대중 전 대통령의 철학을 실천하기 위해 매진해왔습니다.

다섯째, 국가지도자는 준비되고 유능한 리더십이 필요합니다.

국내외 석학과 언론들은 우리나라의 안보 위기와 경제 위기에 대해 심각하게 우려하고 있습니다. 총체적 국가 위기 앞에서 준비되지 않은 인물이 대통령이 된다면 대한민국은 어떻게 되겠습니까? 언제라도 제2의 박근혜-최순실 게이트가 되풀이될 수 있습니다.

저는 현재 전국 대도시 시장협의회 회장을 맡고 있습니다. 그리고 대한민국에서 10번째 100만 도시인 고양시의 시장으로 재선이 되었습니다.

저는 고양시장을 하면서 수많은 성과를 거두었다고 자부합니다. 6000억 원이 넘는 고양시의 실질부채를 제로로 만들었습니다. 50만 이상 대도시 중에서 전국 최초로 '실질부채 제로 도시'를 만든 것입니다. 이러한 경험은 엄청난 국가 부채를 해결하는 데에도 많은 도움이 될 것입니다.

또한 고양시는 '전국에서 가장 살기 좋은 도시'라는 평가를 받았으며, '지속 가능한 일자리 창출', '시민 안전', '혁신적 인사시스템',

'시민참여자치의 제도화' 등에서도 전국 최고라는 평가를 받기도 했습니다. 이러한 경험은 국가 차원의 일자리 창출, 국가위기관리시스템 구축, 공직 사회 개혁, 시민참여자치의 활성화에 큰 밑거름이 될 것입니다.

이러한 성과의 바탕에는 박근혜-최순실 게이트와 비교되는 고양시의 시스템 행정이 작동했기 때문입니다.

저는 '자치분권 개헌'을 통해 제왕적 대통령제의 폐해를 극복하고 지방자치의 새 역사를 써 내려가겠습니다.

자치분권 국가를 만들기 위해서는 개헌에 대해서도 말씀드려야할 것 같습니다. 현재 정치권의 개헌 논의는 중앙정부의 권력 분산에만 집중되어 있습니다. 이것은 후보자들과 정당의 이해관계를 따지는 권력 나눠 먹기 식 논의에 불과합니다. 진정한 자치분권 개헌은 중앙과 지방의 문제이고, 중앙정부의 권력을 지방정부로 이전하는 것이 핵심이 되어야 합니다.

통치 구조에 대한 개헌은 4년 중임 대통령제와 책임총리제를 명확히 규정화해서 말 그대로 제왕적 권한을 가진 대통령을 견제해야 합니다. 이와 관련된 개헌 논의는 시간적 여유를 가지고 국회, 국민과 함께 논의하는 과정이 필요하다고 생각합니다.

3. 무엇을 할 것인가?

−5가지 대한민국 대개조 프로젝트

경제 위기와 안보 위기, 특권과 반칙이 난무하는 부익부 빈익빈의 대한민국을 대대적으로 개조해야 합니다. 저는 5가지 프로젝트를 통해 대한민국 대개조에 나서겠습니다.

첫째, 4차 산업혁명을 통해 우리나라의 지속 가능한 성장을 이룩하겠습니다. 우리나라는 4차 산업혁명에 있어서 중국보다도 뒤처져 있는 상황입니다. 저는 4차 산업혁명 분야의 발전을 위한 특단의 대책과 정책을 마련하여 미래 먹거리에 대비하겠습니다.

둘째, 포괄적 일괄 타결을 통해 한반도 평화체제를 구축하겠습니다. 김대중 전 대통령이 주장했던 포괄적 일괄 타결 방안은, 북한은 핵을 전면 포기하고 한국, 미국, 중국, 그리고 유엔을 비롯한 국제사회는 북한에 대해 대규모 경제 원조를 실시하는 방안입니다.

셋째, 강도 높은 정치 개혁을 실시하고 자치분권 국가를 만들겠습니다. 선거제도 개혁과 자치분권 개헌을 통해 공정하고 투명한 정치, 진정한 지방자치를 이루겠습니다.

넷째, 공정하고 정의로운 국가를 만들겠습니다. 이를 위해 경제민주화 정책, 소득 주도 성장 정책, 복지정책을 강화하겠습니다. 대기업과 중소기업이 상생하는 환경을 만들고, 양극화를 해소하고, 복지국가를 건설하겠습니다.

다섯째, 청렴한 국가를 만들겠습니다. 저는 정치와 재벌의 유착, 권력형 부정부패를 철저히 뿌리 뽑겠습니다.

출마를 결정하고 나니 갈 길은 멀고 마음은 바쁩니다. 하지만 좌고우면할 시간은 없습니다. 지금이 바로 대한민국이 나아갈 좌표를 설정해야 하는 시점입니다. 대한민국이 나갈 방향은 바로 공정하고 정의롭고 복지가 넘치고 지속적 성장이 가능한 사회입니다.

최성에게 있어서 김대중 전 대통령의 '행동하는 양심'과 노무현 전 대통령의 '깨어 있는 시민의 위대한 힘'은 저의 정치철학이자 신념이기도 합니다. 저의 모든 발자국과 성과는 김대중, 노무현 두 전직 대통령 덕분입니다. 이제 저는 김대중 정신, 노무현 정신을 토대로, 20년 정치 경험을 녹여내서 '준비된 대통령, 유능한 대통령'으로서 우리 사회에서 의미 있는 역할을 하고자 합니다.

세월호 사건, 박근혜 대통령 탄핵 국면에서 보았던 국민들의 눈물과 분노, 시대정신은 너무나 엄중합니다. 이 역사적인 순간에 김대중 전 대통령의 행동하는 양심과 노무현 전 대통령의 깨어 있는 시민의 위대한 힘을 실천하고자 새로운 시작과 혁신적 도전을 감히 결단하기에 이르렀습니다.

작은 물방울이 바위를 뚫습니다. 작은 움직임이 큰 기적을 일구어냅니다.

반드시 촛불 민심과 시대정신을 구현하겠습니다.

반드시 총체적인 경제 위기를 극복하여 대한민국의 국제경쟁력을 한껏 드높이겠습니다.

반드시 여의도 정치를 혁파하여 대한민국 정치의 새 희망을 일구어내겠습니다.

반드시 땀 흘려 일하는 시민들을 위한 공정하고 정의로운 대한민국을 만들겠습니다.

반드시 평화적 통일을 위한 북핵 해결과 한반도 평화 정착을 일구어내겠습니다.

최성이 그 작은 물방울이 되어 바위를 뚫는 기적을 일구어내겠습니다.

대단히 감사합니다.

2017년 1월 5일

고양시장 최성

나는 왜 대권에 도전하는가

촛불민심과 차기 대통령의 책무

초판 1쇄 인쇄 2017년 1월 11일
초판 1쇄 발행 2017년 1월 18일

지은이 최성
펴낸이 김선식
경영총괄이사 김은영
전략기획팀 김상윤
기획 및 책임편집 박현미 **책임마케터** 최혜령, 이승민
콘텐츠개발6팀장 박현미 **콘텐츠개발6팀** 이여홍, 유화정, 김누
마케팅본부 이주화, 정명찬, 최혜령, 양정길, 최혜진, 박진아, 김선욱, 이승민, 김은지
경영관리팀 허대우, 권송이, 윤이경, 임해랑, 김재경
디자인 김누

펴낸곳 다산북스 **출판등록** 2005년 12월 23일 제313-2005-00277호
주소 경기도 파주시 회동길 357 3층
전화 02-702-1724(기획편집) 02-6217-1726(마케팅) 02-704-1724(경영관리)
팩스 02-703-2219 **이메일** dasanbooks@dasanbooks.com
홈페이지 www.dasanbooks.com ㅣ teen.dasanbooks.com
블로그 blog.naver.com/dasan_books
종이 한솔PNS **출력·인쇄** 갑우문화사

ISBN 979-11-306-1092-4 (13340)

- 책값은 뒤표지에 있습니다.
- 파본은 구입하신 시점에서 교환해드립니다.
- 이 책은 저작권법에 의하여 보호를 받는 저작물이므로 무단 전재와 복제를 금합니다.
- 이 도서의 국립중앙도서관 출판시도서목록(CIP)은 서지정보유통지원시스템 홈페이지(http://seoji.nl.go.kr)와
- 국가자료공동목록시스템(http://www.nl.go.kr/kolisnet)에서 이용하실 수 있습니다.
  (CIP제어번호 : CIP 2017000309)